群馬の古墳物語

―東国の古墳と文化を探る―

上巻

板倉町赤城塚古墳出土 三角縁仏獣鏡

鏡の一部を拡大。中央に結跏趺坐する如来像（釈迦か）を描き、右には龍、左には飛天と思われる像が配されている。赤城塚古墳の築造時期は４世紀前半だから、仏教公伝までには200年以上ある。当時、板倉地域の人々は、これを見てどう思ったのだろうか。

太田天神山古墳

５世紀前半に築造された本墳の墳丘全長210m。京都以東の東日本では最大規模を誇る。墳丘の規模だけではない。主体部の長持形石棺、配置されていた埴輪も含めて、ヤマト王権の本拠地畿内との密接な関係を十分うかがわせる。

**太田市塚廻り4号墳
椅子に座る埴輪女子像**

耳、首、手首、足首を玉類で飾り、腰の両側には鈴鏡と物入れの革袋を下げている。祭祀に関わる巫女の姿を表していると思われる。現状で赤、黒色に見える顔料がさまざまな箇所に施されており、本来は色彩豊かなものであったことが分かる。6世紀前半の帆立貝式古墳から出土した。

太田市二ツ山1号墳墳丘

東西主軸とする6世紀後半の前方後円墳で、向かって左側が前方部、右側が後円部。基壇の上に第2段が載る状況がよく分かる。墳丘の残りが非常によく、極めて充実した埴輪群が配されていたことが、昭和23年の慶応大学の調査で明らかにされている。

伊勢崎市多田山12号墳出土 唐三彩陶枕

7世紀後半の築造が推定される切石積石室の入口前(前庭)から出土した。日本列島において唐三彩が出土する遺跡は、近畿地方を中心とし、非常に限られている。奈良時代には、唐三彩への強い憧れがあり、国産の奈良三彩(正倉院三彩)が生み出されたが、色彩の鮮やかさの差は、歴然であった。

玉村町芝根7号墳出土
三角縁神獣鏡

6世紀後半の横穴式石室の背後に埋め込まれるような状態で出土した三国時代の見事なものである。この種類の鏡は、日本列島において600面近く出土しているが、その大半は古墳時代前期に属する畿内の有力墳からである。7号墳をよく調べてみると前期古墳の墳丘を再利用したものであることが分かった。この古墳の重要性がますます高まった。

前橋八幡山古墳の南側の平野部

群馬県地域で最初に登場する本格的古墳の代表が前橋八幡山古墳である。現在、その南側には、広大な水田地帯が展開している。はるか先に高崎市南部の観音山丘陵の東端部が見えるが、平野部はそこまで続いている。八幡山古墳が築造されたのは３世紀末ごろ。これを前後した時期に平野部が一気に農耕開発されたことが近年の発掘調査で明らかになってきた。八幡山の被葬者が大開発のリーダーであったことは間違いない。

前橋市宝塔山古墳 横穴式石室

７世紀中葉から後半にかけての時期が推定される本墳の横穴式石室は、この時期の群馬県地域において他の古墳の追随を許さない圧倒的な規模と内容を備えている。石室づくりに関与した専業集団の質の高さを物語る。一方、この時期は律令制に向けての地域再編成の動きが進行していた。この動きを主導する役割を果たしたのが、この古墳に関わる勢力だったのだろう。

群馬の古墳物語〈上巻〉

―東国の古墳と文化を探る―

はじめに

本書の構成

本書は、平成二十一年四月六日から平成二十五年四月十四日までの間、上毛新聞の文化欄紙上に、毎週一回、都合二百回にわたって連載された「群馬の古墳物語―現代へのメッセージ―」のために書き起こしたものが元になっている。本書に再録するに当たっては、誤字脱字、文章の不具合箇所を修正したのを除くと、原文にあまり手を加えていない。

本書で取り上げている古墳は、基本的には現存していて、現地で実際に見ることができるものである。読者諸氏に、ぜひ現地を訪れてほしい（あるいは再訪してほしい）という思いからである。一方、すでに消滅してしまった古墳も取り上げている。それらの多くは、道路・住宅団地建設など、各種開発行為の事前に詳細厳密な発掘調査を経ているものが多く、群馬県地域、さらには東国の古墳時代の検討上、重要な位置を占めているからである。

なお、新聞連載時には取り上げておらず、今回新たに書き加えた古墳もいくつかある。

本書は二分冊とし、大きくは現在の行政区分に従って上巻を「中・東毛編」（古墳の掲載順に邑楽郡、館林市、太田市、桐生市、みどり市、伊勢崎市、佐波郡玉村町、前橋市）、下巻を「西・北毛、吾妻編」（高崎市、藤岡市、甘楽郡、富岡市、安中市、北群馬郡、渋川市、利根郡、沼田市、吾妻郡）としている。この区分が、単に現在的・機械的なものかというと、決してそのようなことはない。現在の群馬県地域は、古墳時代に「毛野《けぬ(の)》」あるいは「上毛野《かみつけぬ(の)》」と呼称されていた地域とほぼ重なっており、歴史的にまとまりを持った地域圏として位置付けることが可能である。その上で具体的内容を詳細に検討していくと、一貫して当地域の東部(「東毛」)と西部(「西毛」)で対照的な様相を示してきていることが確認できる(右島「古墳時代上野地域における東と西」『群馬県立歴史博物館研究紀要』23号 2002)。そのような大きな歴史的枠組みも踏まえながら読み進んでもらいたい。

なお、本書の書名にある「群馬」は、県名だけを意味しているのではない。古代上野国の中心郡であった「群馬郡」(当時は「くるま」と呼称し、やがて「ぐんま」になっていった)に由来した県名であったという歴史性も加味しているところである。

執筆意図

ここでは、私がどのような考え方に基づいて本書を執筆したのかについて少し触れておきたい。群馬県地域の古墳と向き合うようになったのは、群馬大学に入学して、尾崎喜左雄先生(群馬県地域を主たるフィールドとし、体系的横穴式古墳研究の基礎を築いた。尾崎『横穴式古墳の研究』吉川弘文館1966)の指導を受けるようになったことがきっかけである。それ以来、実に五〇年間(途中、関西大学大学院在籍のため、奈良・大阪の古墳と向き合う期間があった)、群馬の古墳と向き合ってきた。その間、県内各地でのさまざまな古墳の発掘調査・報告書作成にたずさわる機会を得ることができた。また、長期にわたり群馬県史・高崎市史・安中市史などの編纂事業や前橋市大室古墳群、高崎市山名古墳群・保渡田古墳群、旧吉井町神保古墳群、沼田市奈良古墳群、安中市簗瀬二子塚古墳などの調査・保存・整備・活用事業検討の一員に加えてもらったことが、それぞれの古墳と直接触れ合える絶好の機会となった。さらに後年には、群馬県・前橋市・高崎市・伊勢崎市・太田市・みどり市の文化財委員に任命していただき、古墳あるいは古墳出土資料の保護措置を検討していく中で、該当する著名な諸古墳と向き合えている。

これらのことと同じくらいに有意義であったのは、県文化財保護課、県埋文事業団、市町村教育委員会の方々から現在進行中の古墳調査情報を教えていただき、調査中の現地に出向いて古墳をつぶさに見学させてもらうことがしばしばできたことである。

このように長年にわたり多くの古墳と直接向き合える機会が、私の古墳・古墳時代研究の基礎となっている。そのおかげで、おこがましい限りであるが、私の群馬県地域の、ひいては東国の古墳・古墳時代研究が、年々深まりと広がりを増してきているものと自画自賛している。

日本全国にある古墳は約二〇万基とも言われている。そのような古墳の一つ一つには、必ずその古墳特有の物語(個性)がある。私の場合は、その物語をいかに正しく構成できるかが最大の課題である。すなわち、歴史の再構成ということを意味している。このことを、読者諸氏が実際に古墳へアプローチする際の参考にしてもらいたい。さらには、私とは異なる古墳物語の策定にぜひ挑んでもらいたい。ただし、あくまでも「正しい」という制約を心掛けてもらいたいと思う。そのことに資するため、古墳の基本的要件についても、その都度言及しているので参考にしてもらえればと思う。

以下では、各論に入っていく前に、古墳・古墳時代についての基礎的事項を概観しておきたい。この項は、次章以下の導入的意味合いを持つものではあるが、ここを飛ばして具体的古墳へと読み進み、その後に改めて読んでもらうのでも一向にかまわない。

もくじ

第2章 中毛地区の古墳（伊勢崎市、佐波郡、前橋市）

（下巻収録の古墳）

●西毛地区の古墳（高崎市、藤岡市、甘楽郡、富岡市、安中市）

元島名将軍塚古墳
岩鼻二子山古墳
若宮八幡北古墳
綿貫観音山古墳
倉賀野東古墳群
倉賀野・佐野古墳群
倉賀野・佐野古墳群（安楽寺古墳）
倉賀野・佐野古墳群（浅間山古墳）
倉賀野・佐野古墳群（大鶴巻古墳）
越後塚古墳
山名古墳群
山名伊勢塚古墳
山ノ上古墳
神保下條2号墳
神保古墳群
多胡薬師塚古墳
高崎1号墳
剣崎長瀞西古墳群10号墳
剣崎天神山古墳
八幡二子塚古墳
平塚古墳
観音塚古墳
御部入古墳群
少林山台古墳群
上並榎稲荷山古墳
奥原古墳群
しどめ塚古墳
保渡田古墳群
上小塙稲荷山古墳
下芝谷ッ古墳
白石稲荷山古墳
七輿山古墳
皇子塚古墳・平井地区1号墳
伊勢塚古墳
喜蔵塚・境塚古墳
上栗須1区6号墳
東平井古墳群
諏訪神社・諏訪神社北古墳
原古墳
西大山遺跡1号古墳
笹森稲荷古墳
福島町53号墳
黒渕古墳群
北山茶臼山古墳
北山茶臼山西古墳
一ノ宮4号古墳
芝宮古墳群
田篠遺跡1号墳
塩之入城遺跡1号墳
簗瀬二子塚古墳
下増田上田中1号墳
二軒茶屋古墳
相水谷津横穴墓

●北毛地区の古墳（北群馬郡、渋川市、利根郡、沼田市、吾妻郡）

南下E号墳
南下B号墳
南下A号墳
三津屋古墳
大藪城山古墳
高塚古墳
金井丸山古墳
金井東裏遺跡1号・2号墳
東町古墳
坂下町古墳群
金井古墳
虚空蔵塚古墳
真壁古墳群
有瀬1号墳
宇津野・有瀬古墳群
中ノ峯古墳
津久田甲子塚古墳
鏡石古墳
岩下清水2号墳
川額軍原古墳群
奈良古墳群
生品古墳群
塚原古墳群
小塚古墳
樋塚古墳
小川古墳群
石の塔古墳
四戸古墳群
机古墳

序章　古墳について

古墳とは

三世紀中ごろから七世紀にかけて、墳丘を高く盛り上げ、その表面に河原石などによる葺石《ふきいし》を積み上げ、周囲には埴輪《はにわ》と壕《ごう》（堀）を巡らした大型の墳墓（古墳。前方後円墳が代表）が盛んに造られた。北は岩手県、山形県から南は鹿児島県までの範囲で、青森県・秋田県・北海道と沖縄県にはない。また、遺骸《いがい》を埋葬する主体部には、武器・武具・農工具・装身具・各種宝器類などの豪華で豊富な副葬品を伴う。

時期区分　古墳時代の中は、前期（三世紀中ごろ～四世紀後半）、中期（四世紀後半～五世紀後半）、後期（五世紀後半～六世紀）、終末期（七世紀）に区分される。古墳の代表はなんといっても前方後円墳であるが、その築造は、埴輪とともに後期で終わる。そのため、後期までを「古墳時代」とし、終末期は「飛鳥時代」とする区分法の考え方も提起されている。

古墳は、およそ四五〇年の長きにわたって造られ続けたわけだから、墳丘・埴輪・主体部・副葬品の内容も時代とともに大きく変化していく。逆に言うならば、検討しようとする個々の古墳について、その構成諸要素の特徴を正しく把握することにより、精度の高い築造時期を確定していくことが可能になる。

墳丘の種類　墳丘の種類としては、前方後円墳がよく知られているが、その他に前方後方墳、帆立貝《ほたてがい》式古墳、円墳、方墳、八角形墳、上円下方墳などがある。これらの中で圧倒的に数が多いのが円墳である。

前方後円墳は、古墳の登場と表裏一体の関係にある。また、他の種類に比べ、墳丘規模も圧倒的に大きい。前方後円墳が首長層に関わる墳丘形式であったことが分かる。基本的に、同時期・同一地域の中では、前方後円墳より大きい円墳・方墳はない。加えて、円墳の中にも明確な規模の大小がある。古墳全体が一定の階層秩序に呼応するものであった。このことは、古墳が単なる墓ではなく、当時の地域社会の構造、地域間交流の様相を探る上で重要な意味を蔵していることがわかる。

墳丘形式の消長と時期的関係を整理すると、最古段階からあったのは、前方後円墳、前方後方墳、円墳、方墳である。このうち前方後方墳は、基本的に前期段階までで、帆立貝式古墳は中期から新たに登場してくる。さらに、前方後円墳、帆立貝式古墳は後期までで、終末期になっても継続するのは円墳、方墳で、これに新たに八角形墳、上円下方墳が加わる。

主体部（埋葬施設）　主体部形式は、大きく竪穴式系（竪穴式石室、粘土槨《かく》、竪穴式石槨、木棺直葬など）と横穴式系（横穴式石室、横穴墓、地下式横穴墓があり、主体は横穴式石室）に分かれる。前者が一体埋葬（単独葬）を基本とするのに対して、後者は追葬による複数埋葬が基本である。また、竪穴式系が前・中期を中心とするのに対し、横穴式系は後・終末期を中心とする。ただし、横穴式の登場には地域差、階層差がある。北部九州では、他地域に大きく先駆けて四世紀後半に朝鮮半島から入ってくる。その後、西日本の特定地域の限られた古墳に採用される。肝心の畿内の最有力古墳に採用されるようになるのは五世紀末以降である。そして、この時期に東日本の有力地域にも伝えられる。ただし、採用されるのは前方後円墳をはじめとする大型古墳が中心で、中・小型古墳に広く採用されるのは、主として六世紀後半以降のことである。

副葬品　主体部に遺骸とともに納められる副葬品も、時代とともに大きく変化する。その変化は、ヤマト王権と地域首長層の政治的関係、中国・朝鮮半島との政治的・文化的交流関係が大いに影響している。前期の副葬品は、鏡に代表され、これに鉄製武器・農工具類が伴い、その後半には石製品（石釧《いしくしろ》・鍬形《くわがた》石・車輪石など）が加わる。

中期の中心は、鉄製武器・武具・農工具類である。特に甲冑類が目立つ。鉄の時代とも言われており、鉄器生産が急速に進んだことや、支配者層の武人的性格に重きが置かれるようになったことを反映している。また、農工具類を模した石製模造品（刀子《とうす》・斧《おの》・鑿《のみ》・鉇《やりがんな》などに代表される）が副葬されるのもこの時期の大きな特徴である。一方、朝鮮半島との交流が活発化した結果、馬の導入、須恵器《すえき》生産の開始などをみたことを反映し、馬具類の副葬が始まる。須恵器は古墳から出土はするものの、その副葬が活発化するのは六世紀のことである。なお、進んだ金属加工技術に基づいて生産された半島製の優品が招来され、限られた古墳の副葬品として伴うのも注意される。

後期になると、朝鮮半島からの進んだ金属加工技術が定着し、日本列島産の馬具・武具・装身具類などの量産化が図られた結果、副葬品として広く認められるようになる。中でも所有者の身分を表す装飾大刀（捩《ねじ》り環頭《かんとう》・頭椎《かぶつち》・龍鳳環頭《りゅうほうかんとう》大刀など）の上位階層古墳への副葬が顕著である。須恵器が石室内に盛んに副葬されるのもこの時期である。

埴輪　埴輪は、前期の古墳の登場とともに存在している。前方後円墳の成立と同じく、支配者層の古墳に必須の要素として登場した。その後、後期に当たる六世紀いっぱいまで続き、前方後円墳の消滅と共になくなる。三五〇年以上にわたって存続したわけであるから、当然その間に内容にも大きな変化が何度かあった。特に、構成する埴輪の種類の変化が顕著である。埴輪の種類には円筒埴輪と形象埴輪がある。円筒埴輪も元々は、壺とそれを載せるための器台形土器に由来しているので、一種の形象埴輪と言えるが、家・器財（盾《たて》・蓋《きぬがさ》・靫《ゆぎ》・大刀・鞆《とも》など）・人物・動物埴輪のように、より具象的に表された種類のみを「形象埴輪」と呼ぶことにしている。このうち、家・盾・靫・蓋などは前期の後半には登場するが、人物や動物（特に馬）、あるいは大刀・鞆などは中期から後期になって新たに加わる種類である。前期の埴輪が被葬者を守り、荘厳化することなど、直接的な機能を持たせていたのに対し、人物・動物埴輪は、具体的表現・配置により、ある場面を表現し、見せるようなものであった。

埴輪の焼成法にも大きな変化が見られる。最初は野焼きといって、地面に浅い窪みを掘って、そこでじかに焼成するものであったが、後期になると量産化と相まって窖窯《あながま》（一種の登り窯）による高温焼成となる。そのため、野焼き焼成のものが、焼きむらの黒い斑点（「黒斑《こくはん》」と呼ぶ）があるのに対し、窖窯焼成によるものは、均一に焼き上がり、黒斑がないのが特徴である。

古墳時代という時代

古墳時代という時代の基本的特徴としては、次の諸点が主要なものとして挙げられる。①近畿地方、とりわけ畿内地域に直接の基盤をおいた政治勢力（ヤマト王権）が時代を主導した。②ヤマト王権と列島各地の地域勢力（在地首長）との間に政治的関係が結ばれていった。そのことを可能にしたのは、畿内を中心としたネットワーク化である。③中国・朝鮮半島（とりわけ朝鮮半島）との直接交流が、歴史動向、文化形成に極めて大きな影響を与えた。

ヤマト王権と地域首長　古墳時代の歴史をリードしたのは、現在の奈良県や大阪府の地域を拠点とした政治勢力である。これを「ヤマト王権」と呼称する。

前方後円墳は、人為的に削平されたりすることのない限り、一四〇〇～一七〇〇年以上の風雪に耐えて、今日に至るまで、しっかりと元の形を残していることが多い。壮大な墳丘が、単純に土を盛り上げるだけで築かれたわけではない。土木工学的にも極めて理にかなった企画設計と工法により丹念に造られたものであり、幾何学的な形状を今日まで保ってきている。

三世紀中ごろに登場したとされる最初の前方後円墳は、大和地域（現在の奈良県）にある。前方後円墳の成立が、ヤマト王権の成立と密接に結び付いた政治的記念物（ヤマトの王のための特別な墳墓）であったことが分かる。この登場からほどなくして、日本列島の主要地域にも前方後円墳が登場するようになる。奈良県のものとの細部の比較検討から、大和に登場したものが技術的基礎になって、列島各地のものが造られたことがよく分かる。

ヤマト王権と結び付いた列島各地の政治勢力（地域の王（首長））に対して、前方後円墳の築造技術が提供されたことを物語っている。この技術的関係は、墳丘のみにとどまらず、遺体を埋葬する主体部の構造にも及ぶものであった。一方、遺骸とともに埋葬施設に納められた各種の副葬品は、時代の最先端をいく品々から構成されるのを基本としている。希少性、先進性を有する品々を保持することが、とりもなおさず、支配者の存在根拠にもつながったからである。その場合、畿内の有力古墳から出土するものが、他地域のものに比べて、勝っていることが注意される。おそらく、高度の専門的技術を駆使した品々の多くは、畿内地域で生産され、古墳築造技術と同様、ヤマト王権との政治的関係を結んだ地域首長に賜与されたものと推測される。

ただし、このことによって、王権が地域勢力を直接支配下に置いたとするのは早計に思われる。地域首長の側にも王権と結び付いていこうとする主体的意図があったと思われる。両者の

古墳時代の進展の中で、ゆるやかな支配から中央集権的な直接的支配へと展開していった過程とも言い換えることができる。その到達点として律令体制の成立があったわけである。

中央集権的な構造が生まれてくる上では、五世紀後半以降に列島のネットワーク化が飛躍的に図られるようになったことが大きい。その背景には、朝鮮半島から馬がもたらされ、馬生産が活発化し、急速に普及していったことがある。これを契機に、ヤマト王権の地域浸透は大きく進んでいったわけである。

東アジア世界の中にあった日本列島　もう一つこの時代の特徴として注意しておくことがある。それは、朝鮮半島さらには中国大陸との関係が密接になり（直接交流の機会も大幅に増大した）、モノの移動にとどまらず、盛んに人的交流が進められていったことに大いに注目する必要がある。日本文化の出発点は、この古墳時代にあり、その基礎に中国・朝鮮半島の古代文化があったことを知る必要がある。

当時の中国・朝鮮半島の一挙手一投足が、日本列島にそのまま影響を及ぼしたわけである。中国・朝鮮半島の歴史・考古学資料を抜きにしては、日本列島の古墳時代を理解することは到底できない。

なお、列島と朝鮮半島・大陸の間には海が介在しているわけであるが、民間交流の問題はさておき、朝鮮半島の三国（高句麗・百済・新羅）および加耶、さらには中国古代王朝との間の政治・経済・文化交流上の外交権を独占的に近く保持しようとしていったのがヤマト王権であった。当時、半島・大陸からの最先端をいく各種技術、品々は、畿内地域を介して列島各地に、もたらされるケースが主流であったと考えていいだろう。もちろん、これとは別に地域社会が独自に交流していく道筋もあったことは十分考えられる。

していく道筋もあったことは十分考えられる。

古墳時代の上毛野地域

現在の群馬県の地域は、古墳時代には毛野あるいは上毛野と呼称されていたとされている。そしてそこは、日本列島の諸地域の中でも質量ともに充実した古墳が多い地域として、奈良県(大和)、大阪府(河内・和泉・摂津)、岡山県(吉備)、福岡県(筑紫)、宮崎県(日向)などと並び称されてきているところである。

東日本でも屈指の有力地域であったことは、東日本で最大の太田天神山古墳(墳丘長二一〇メートル)の存在が端的に物語っている。その他、具体的に見ていくならば、古墳時代の始まりの段階から、傑出した状況は顕著であり、古墳時代を通じて一貫して有力地域であり続けたわけである。

それでは、なぜ群馬だったのかが問題となる。その問いに答えるために、まず古墳をはじめとする同時代の遺跡の実態を詳しく見ていき、その特徴を見いだしていくことが必要である。その際、群馬の遺跡だけを見ていたのでは、特徴を発見することは困難である。特徴というのは、他地域との比較の中から見いだせるわけだから、関東地方の他地域との比較、列島の他地方との比較を常に行いながら見ていく必要がある。その場合、列島の中心地域であった畿内地域との関係性には、特に注意を向けていく必要があるだろう。

第1章 東毛地区の古墳
（邑楽郡、館林市、太田市、桐生市、みどり市）

1

赤城塚古墳

■邑楽郡板倉町西岡一五五二―一

ヤマトとの緊密さ示す

群馬県の最も東にある古墳は、板倉町の赤城塚古墳である。のどかな田園地帯に囲まれて地区の西岡神社があり、その境内にひっそり所在している。現状で直径三〇メートル、高さ三メートルの円墳なので、一見すると見過ごしてしまうほどである。一七〇〇年近い長きにわたって、よく今日まで命脈が保たれてきたものだと感心する。

ところで、この古墳からは、三角縁神獣《さんかくえんしんじゅう》鏡《きょう》と呼ばれているすばらしい出来栄えの中国製の可能性がある銅鏡が出土しており、神社の社宝として大切に保管されている。鏡の発見は、発掘調査によってではなく、延宝《えんぽう》五（一六七七）年の偶然の出来事だった。鏡の発見の由来と、その後、紆余曲折を経ながら神社に戻された経緯が、境内にある二つの石碑に詳しく記されている。これを見ると、鏡・古墳と結び付いた地域の人々の熱い思いが伝わってくる。

赤城塚古墳の墳丘を東から望む

三角縁神獣鏡は、古墳時代前期に属する日本列島各地の有力古墳から出土する。全部で六〇〇面近くが知られており、その大半は近畿地方からの出土である。最近では、奈良県天理市の黒塚古墳から三三面がまとまって出土し、また同桜井茶臼山古墳からは、破片資料ではあるが、二六面以上の存在が確認され、大きな話題になった。近畿以外からの出土は、ヤマト王権と政治的に深く結びついた各地の豪族に分け与えられたものと考えられている。関東地方を見てみると、本県の一三面が最も多く、他県では一、二面、あるいはまだ見つかっていない県もある。

　直径が二二・八センチメートルの赤城塚古墳の三角縁神獣鏡は、数ある鏡の中では、非常に珍しいものである。ほとんどの場合、鏡の背面に複数の神と獣を鋳出して意匠としているが、赤城塚の場合は、神の代わりに三体が仏像の表現なので三角縁仏獣鏡とも呼ばれている。

　写真に写っている像は、台座の上に結跏趺坐《けっかふざ》という仏の坐り方をし、手は印を結んでいるのがわかる。日本列島に仏教が正式に入ってくるのは六世紀中ごろのこととされている。それより二五〇年近く前に、板倉地域の人々は、仏像を目にしていたことになる。

赤城塚古墳出土の三角縁仏獣鏡
中央に結跏趺坐する仏像が、右側に龍が表されている

　板倉町の一帯は、群馬の東の端といったイメージがある。しかし、当時の中心的な遠距離交通手段は、河川を介しての船だった。赤城塚古墳の近くには渡良瀬川が流れており、しばらく下ると利根川に合流し、さらに進めば現在の江戸川などから東京湾に出られた。そこから太平洋岸沿いに近畿まで通じていたのである。この地が、重要な交通拠点であり、また群馬の地域への玄関口の役割を果たしていたわけである。

渕ノ上古墳

■館林市羽附旭町九五ほか

石が少ない地域の石室構造

群馬県の地域の古墳を見渡すと、山間部寄りの西毛から中・北毛は、石材が極めて豊富なので、石を駆使して古墳づくりを行っている。

古墳を築造しようとする場所から河原や山間にちょっと出掛ければ、必要な石は思い通りである。この地域の古墳は、墳丘は全面を葺石《ふきいし》で覆い、横穴式石室には何トン、何十トンもあるような巨石が惜しみなく使われる。これに対して、桐生・みどり市以北を除けば、東毛の地域は石材が極めて乏しい。石がありすぎて苦労した中・西毛地域とは対照的に、石がなくて苦労をした歴史と言えるかもしれない。

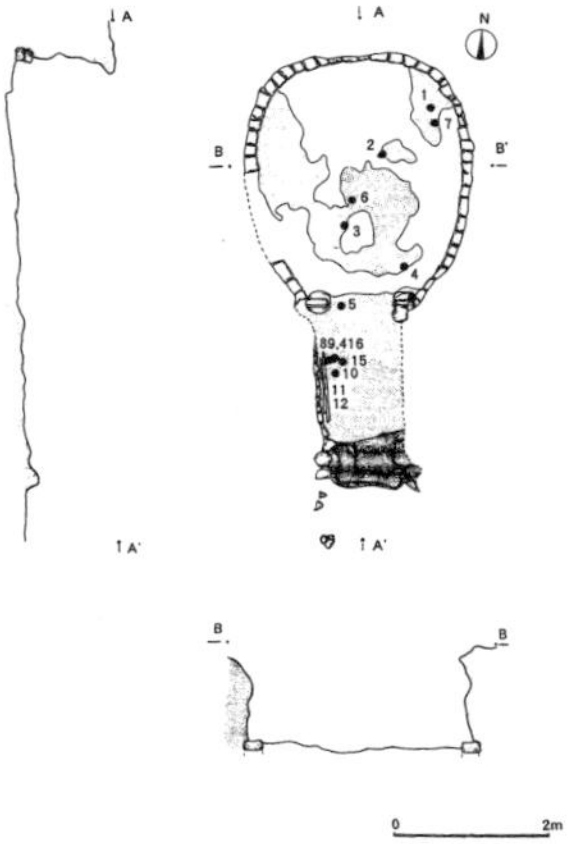

渕ノ上古墳の横穴式石室実測図

館林市の南西にある渕ノ上《ふちのえ》古墳は、このことをよく伝えてくれる六世紀後半の古墳の一つである。古墳の位置は、館林市街地の南部を西から東に流れる谷田川の北岸で、川沿いを東にたどると、ほぼ同じ時期に造られた板倉町の舟山・筑波山・道明山の前方後円墳が連なっている。

この渕ノ上古墳が昭和五十九(一九八四)年に館林市教育委員会によって発掘調査された。直径約三〇メートルの円墳で、横穴式石室が見つかった。古墳の構造を子細に見てみると、まさに石材の乏しい地域の古墳にふさわしい内容である。まず墳丘は盛土のみで構成されており、葺石は認められない。

次に横穴式石室を見てみると、使われているのは、軽石質の角閃石《かくせんせき》安山岩という石で、その上下左右と前面を削り加工したものを積み上げて石室壁面を築いていた。石室の平面形を見てみると、実測図に見られるように円形に近いカーブを描いている。壁面は、崩されてしまってわずかの高さしか残っていなかったが、近くにあるほかの古墳の石室を参考にすると、アーチ状になっていたことが推測される。そうすれば、天井寄りで幅が狭まるから、小さい天井石で済むわけである。石材の乏しい地域で生まれた工夫である。

ところで、この角閃石安山岩は、六世紀中ごろに榛名山が大噴火をしたときに噴出したもので、大量に利根川の中流域に押し流されてきた。給源に近い渋川市付近で見つかるものはかなり大きいが、下流域では、流れてくる間にすり減って小さくなっている。それでも、それ以前には手ごろな石がなかった館林地域の人たちがこの石材に目をつけて、待望の横穴式石室をつくることができた。

太田市から板倉町にかけての利根川沿いには、渕ノ上古墳とよく似た構造の石室が延々と連なっている。石の乏しい地域で、榛名山の大噴火をきっかけに横穴式石室づくりが一斉に花開いたのである。

なお、石室は調査後に現地に埋め戻され、その上に復元整備が行われている。

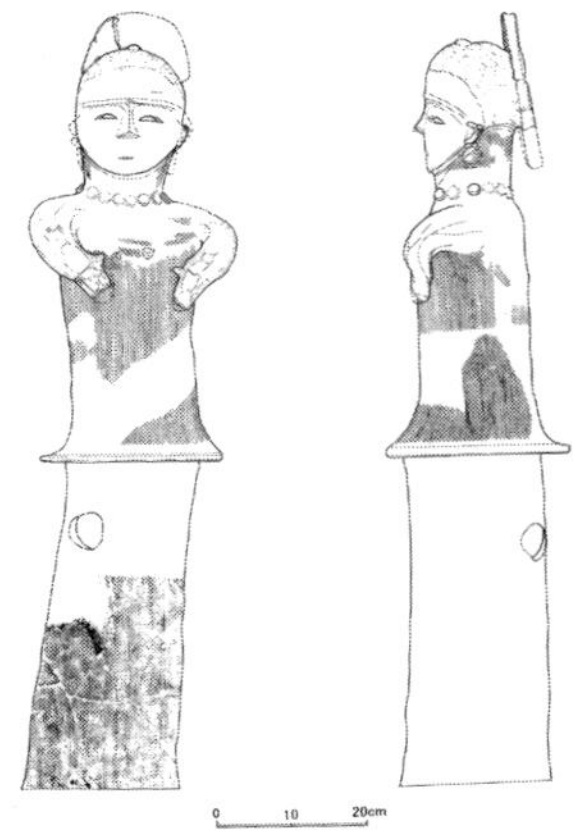

渕ノ上古墳出土女性埴輪実測図

3

山王山古墳

■館林市当郷町一九七五－二

六世紀後半、館林地域で最大級

館林市では平成十三年度から開始された市史編さんの一大事業が、順次その成果を公刊しながら、現在も進行中である。先年刊行された『館林市史資料編1』により、従来不分明な点も多かった当地域の古墳時代の様相も手に取るように明らかになってきた。

本書をひも解いてみると、昭和十年の県下一斉古墳分布調査では、本市域で六七基が確認されているが、現在確認できるのは二五基と激減してしまった。それらの中で、本格的な発掘調査が行われたのは、市域北西部の高根町に所在した墳丘長約六〇メートルの前方後円墳である天神二子古墳（六世紀前半）と市域南東部の渕ノ上古墳（円墳、径約三〇メートル、六世紀後半）であり、充実した埴輪を有する古墳であったことが明らかにされている。

山王山古墳の墳丘を南側から望む
向かって右側が後円部

天神二子古墳は調査後に削平されてしまったので、現在良好な状態で残っている前方後円墳は、館林城址の東方で、東西にのびる城沼の北岸にある山王山古墳が唯一である。当地域の古墳時代を知る上で極めて貴重な存在と言ってよいだろう。

古墳の東側に隣接して館林藩にゆかりの深い名刹善長寺の広大な寺地がある。古墳を訪れる際に当寺をお参りすると、正門のすぐ前に広がる城沼と対岸のつつじが岡の見事な景色に心が和む。

その境内を西にたどり、墓地が切れた先の北側に前方後円墳の墳丘が見えてくる。館林市教育委員会が行った墳丘測量調査によると、現状で墳丘長約四〇㍍、主軸を東西とし、西側に後円部、東側に前方部が位置するものである。墳丘の本来の規模は、これを大きく上回る五〇ないし六〇㍍に達するものと考えられる。現地で観察すると、墳丘の裾まわりがかなり削平されているからである。

善長寺の正門から南側の城沼を望む
対岸につつじが岡が見える

館林市教育委員会が、墳丘の周囲に小規模なトレンチ（試掘溝）を入れて調査しているが、六世紀後半に属する埴輪片が出土しており、古墳の年代を知る手掛かりになっている。また、善長寺には、当墳の横穴式石室から出土したと伝えられる鉄製大刀が保管されている。おそらく館林地域にあっては、六世紀後半の最大級の前方後円墳であった可能性が十分ある。

4 赤岩堂山古墳①

■邑楽郡千代田町赤岩乙一〇三七

河川交通に深く関与

最近、私は少し高性能の自転車を購入し、時間をつくっては県内を走り回っている。それゆえ、各地の古墳へも自転車に乗って訪れる機会が多くなってきた。足は痛くなるが快適そのものである。

自転車行の際には、たいがい河川堤防沿いに整備されているサイクリングロードを利用する。全国的にみてもサイクリングロードがよく整備されている本県では、主要古墳の多くはこの移動手段によってたどり着ける。逆に言うと、多くの古墳は、河川との関係の中で占地していることを物語っている。

河川から古墳を望むという視点は、道路網を介した交通体系が席巻している現代の車社会では、つい見落とされがちである。

本県地域のような内陸地域が、古墳時代に全国的にも屈指の有力地域となり得た背景には、利根川や渡良瀬川をはじめとする大河川による交通網が発達していたことを踏まえる必要がある。

光恩寺阿弥陀堂
その背後に東西方向の前方後円墳が横たわる

館林・邑楽地区では最大規模の前方後円墳である赤岩堂山古墳（墳丘長約九〇㍍、六世紀後半）を訪れた。伊勢崎市境在住の私は、利根川左岸の堤防を下流へと自転車を走らせ、約一時間で赤岩に到着した。

この地は近世には、利根川の赤岩河岸《がし》として栄え、川沿いの道路に面して少し残る立派な商家の建物がその面影を伝えている。河川交通上の要衝であったわけである。

この地には、もう一つ河川交通上の機能があった。それは、対岸の武蔵国へと通じる渡河点に当たっており、「赤岩の渡し」として盛んな往来があったことである（川の対岸へと渡れる場所は、地勢上、限られていた。利根川のような大河ともなるとなおさらだった）。そのような利根川の交通上の重要地点に赤岩堂山古墳が所在しているのは偶然ではない。被葬者は、当時、利根川の河川交通に深く関与していた首長だったと考えていいだろう。

赤岩堂山古墳を北西側から望む
手前が前方部、奥が後円部

本墳は現在、真言宗の光恩寺の敷地内にある。実は、地域一帯では、こちらの方がよく知られている。本尊である不動明王は秘仏となっており、地域の篤い信仰が寄せられている。また阿弥陀堂に安置されている鎌倉初期の阿弥陀三尊（県指定文化財）や寺宝の仏具（銅製五種鈴、国重要文化財）もよく知られており、古刹であることをよく物語っている。

このこともこの地が歴史的に由緒正しい土地柄だったことの証しである。次に古墳そのものをもう少し詳しく見てみることにする。

5

赤岩堂山古墳②

邑楽・館林では最大級

堂山古墳の墳丘は主軸を東西とし、前方部を西側、後円部を東側としている。この主軸方位と前方部、後円部の位置的関係は、横穴式石室を主体部とする六世紀の前方後円墳のオーソドックスなあり方である。逆に、主体部がいかなるものかわからなくても、この条件を備えている前方後円墳ならば、六世紀代で、横穴式石室を主体部としている可能性が類推できるわけである。

実際、光恩寺に伝わる史料には、江戸時代に後円部が発掘されて、横穴式石室が見つかっていることが記されている。現在、寺に保管されている金銅装の頭椎大刀《かぶつちのたち》などは、この時出土したものである。今では破片となってしまっているが、豊かな内容をほこる副葬品があったことを知ることができる。

墳丘の後円部を南東側から望む
中央寄りのえぐれているところに
横穴式石室があった

平成九～十年、当時群馬大学におられた梅沢重昭さんが、はじめて堂山古墳の考古学的調査を行った。その結果、墳丘は、全長が約九〇㍍に達することが明らかにされた。

一方、後円部の南側のえぐれてしまっている部分を中心に発掘調査を行ったところ、横穴式石室の奥半部がかろうじて残存していることが明らかになった。
石室の側壁石には、六世紀中ごろの噴火によって噴出した榛名山の角閃石安山岩を削り加工したものが積み上げられていた。また奥壁石には、栃木県南西部の山間から運び込まれたと思われる安山岩の巨石がドンと据えられていた。天井石は失ってしまっていたが、近くの熊野神社にある緑泥片岩の大型板石が、もともとは天井石に使われていたと伝えられている。こちらは、埼玉県の荒川上流部から搬入されたものであろう。

石室は残存部分がわずかであったが、奥部から手前に一・七メートルのところで幅三・二メートルを測り、奥に進むにつれて壁面が弧状を描くもの(胴張形石室)であった。確認できたのは部分的であったが、石室が非常に巨大なものであったことがわかる。

堂山古墳の周辺一帯は、石材が極めて乏しい地域である。河川交通上の要衝の地を占めていた堂山古墳の首長は、日頃から周辺諸地域の首長層と活発な交流を図っていた。その結果、広く各地から石材を入手し、豪壮な横穴式石室を築造できたわけである。

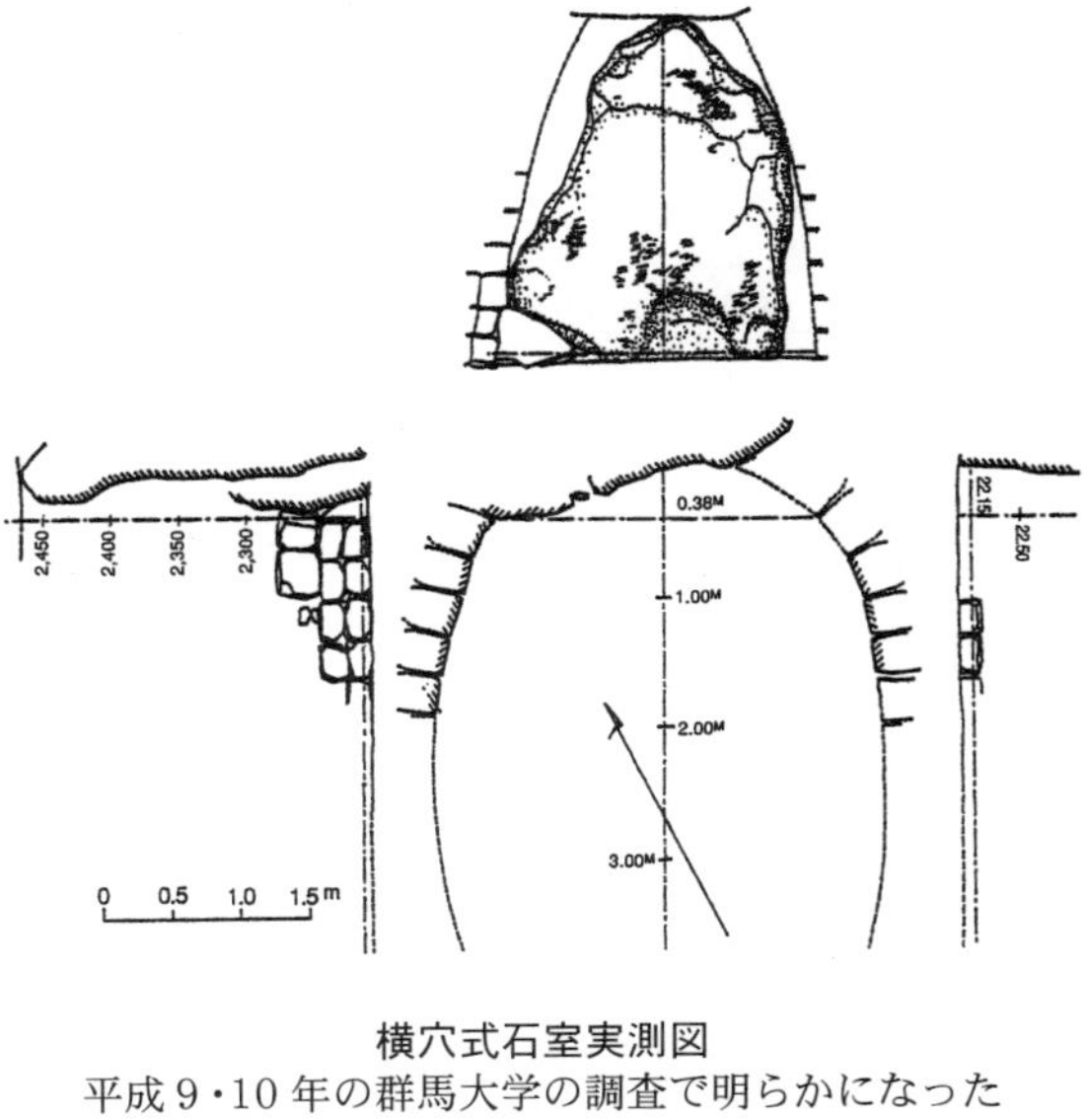

横穴式石室実測図
平成９·10 年の群馬大学の調査で明らかになった

6

古海松塚11号墳

■邑楽郡大泉町古海

県内最古の馬形埴輪

大泉町の南部、利根川沿いの古海《こかい》周辺は、東毛では古墳が最も密集している地区の一つである。そのうちの古海松塚古墳群が一帯の区画整理事業に伴って昭和六十三年から平成五年にかけて大々的に発掘調査された。この時調査された古墳は実に六〇基に上り、それまで不分明な点も多かった当地区の古墳時代が手に取るように浮かび上がってきた。

数ある調査古墳の中で、五世紀後半の帆立貝《ほたてがい》式古墳11号墳からは、群馬県では最も古

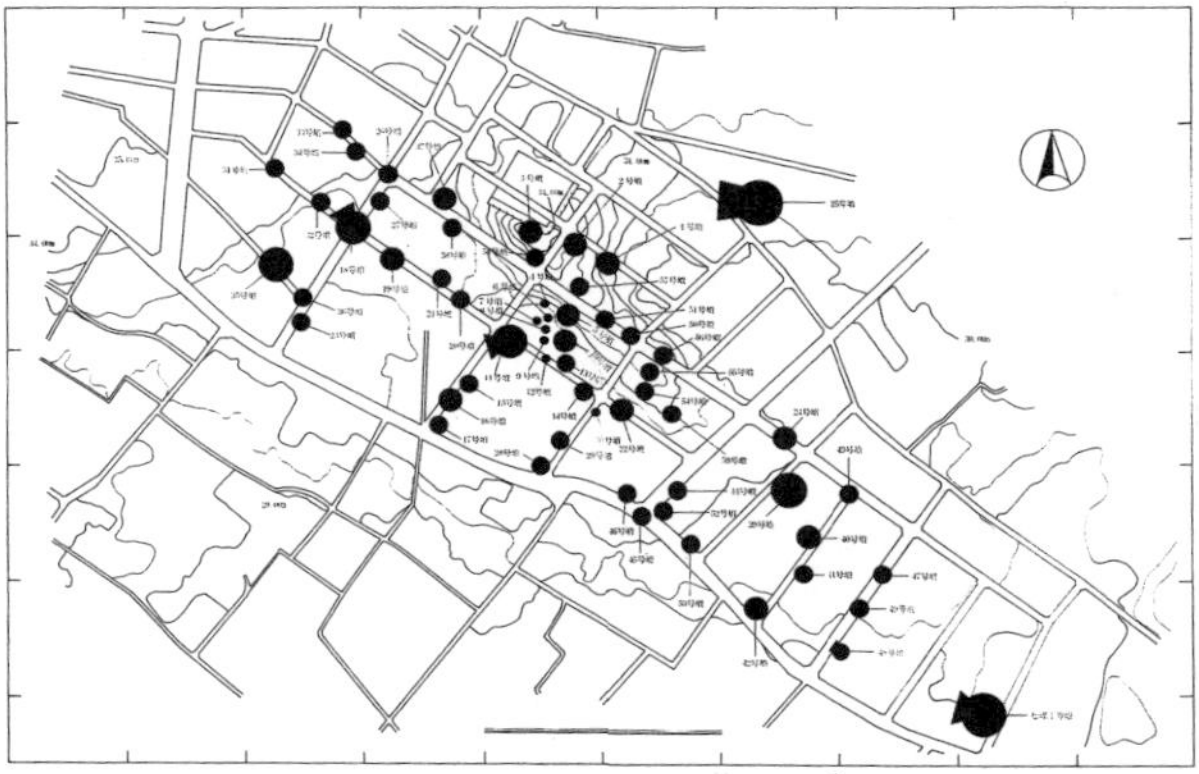

古海松塚古墳群全体図
群の中央にある帆立貝式古墳が 11 号

い人物・馬形埴輪が出土し、大いに注目された。私が県の教育委員会に勤務していた当時（平成十八年ごろ）、文化財保護審議委員会で「あの埴輪は、群馬にとって非常に貴重なものなので、県重要文化財指定の可能性を検討してはどうか」という意見が出された。そこで、実際の埴

輪を見て下調べをし、地元教育委員会とも相談をするべく、大泉町に出かけることになった。

当日は、町の教育委員会の文化財担当の関本寿雄さんの案内で話題の埴輪が展示されている「大泉町文化むら」を訪れた。11号墳の展示ケースの前に立つと、すぐに馬形埴輪に目がいった。私は思わず「ぶかっこうな馬だな！だけどかわいいよね！」と言葉を発した。見ようによっては犬にも見える。関本さんも「なぜか愛着がわいてきて、他人じゃないような気がするんですよね！」という。

11号墳の馬形埴輪
脚の側面上部が穿孔《せんこう》されるのは西日本の馬形の特徴

子細に見ていくと、ずんどうで、顔がのっぺらしている。群馬の地域の人が、最初に作った馬の埴輪かもしれない。まだ、作り慣れていなかったことが、稚拙な出来栄えとなり、かえって愛らしさにつながったのかもしれない。

実際の馬が群馬の地域に初めて入ってきたのもこの時期に近いから、この埴輪を作った人は、まだ本物の馬をよく見たことがなかったのかもしれない。この時から約百年後、上毛野《かみつけぬ(の)》地域は全国的にみても有数の馬の生産地となる。その時期盛んに作られた馬の埴輪を見ると、今にも走りだしそうな見事な出来栄えである。このころになると、埴輪工人が暮らしていた周辺でも、あちこちを馬が〝闊歩《かっぽ》〟していたのが目に浮かぶ。

7 割地山古墳

■太田市矢島町六〇四－一

消滅した大前方後円墳

太田市街地と熊谷市を南北に結ぶ国道四〇七号と伊勢崎方面から館林方面に東西にぬける国道三五四号は、太田市南部の通称高林交差点で交わっている。県内でも最も交通量の多い付近一帯には、商店・会社・個人住宅が立錐《りっすい》の余地もないほどに立て込んでいる。

この地の周辺一帯が上野《こうずけ》（群馬県の旧国名）地域でも屈指の大前方後円墳の林立する地域だったことを知る人は少ないだろう。現在はすべて家並みと化してしまっており、跡形すら残っていないからである。

これまで何度か話題にしてきた昭和十年の県下一斉の古墳分布調査の記録を調べてみると、交差点の北東側に近接して墳丘長約一〇五メートルの割地山古墳があり、その北側に同約一〇〇メートルの東矢島観音山古墳、また南東側には、同約九五メートルの九合村五七号墳、約一一〇メートルの九合村六〇号墳などがあ

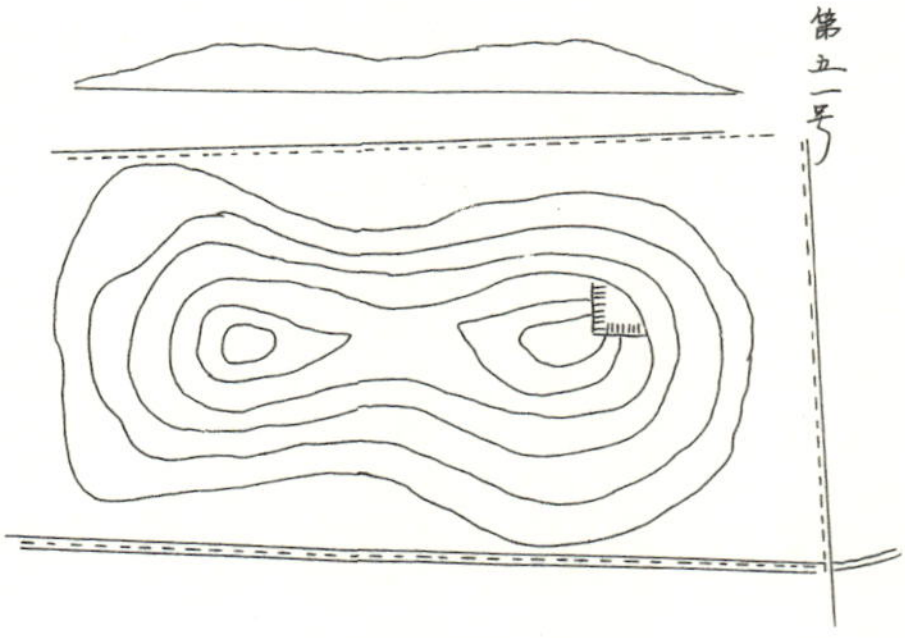

清水永二氏の割地山古墳墳丘略測図

った。

　これほどの大前方後円墳が消滅してしまったのに、あまり詳しい記録は残っていない。その出来事が第二次大戦前のことだったので、いずれも発掘調査が行われることがなかったからである。せめてもの救いは、昭和十年の古墳分布調査でこの地区を担当した清水永二さんという小学校の先生をしていた人が、一つ一つの古墳を非常に丹念に歩いて調べていたことである。加えて、墳丘の略測図も作成していたので、発掘調査は行われなかったが、ある程度の古墳の特徴を知ることができる。

　ところで、平成十一年、割地山古墳が所在した地域一帯で区画整理事業が計画された。太田市教育委員会では、地表下に割地山古墳の痕跡が埋もれている可能性があると考え、その地点を探索するように調査を行った。その結果、前方後円墳の周壕《ごう》の一部とともに、全長が一四メートル以上もある大型の横穴式石室の検出に成功した。たとえ、地表上の墳丘が消滅してしまっていても、古墳の痕跡が現地表下に残っていることが十分あることを示してくれる快挙だった。石室内からは、大量の小札甲《こざねよろい》片や武器、馬具等の破片が見つかった。内容的に前方後円墳の副葬品にふさわしい。

　幻の前方後円墳に終わらずに済んだのも、清水さんの詳細な分布調査の記録とこれを手がかりに追跡した平成の調査のたまものである。

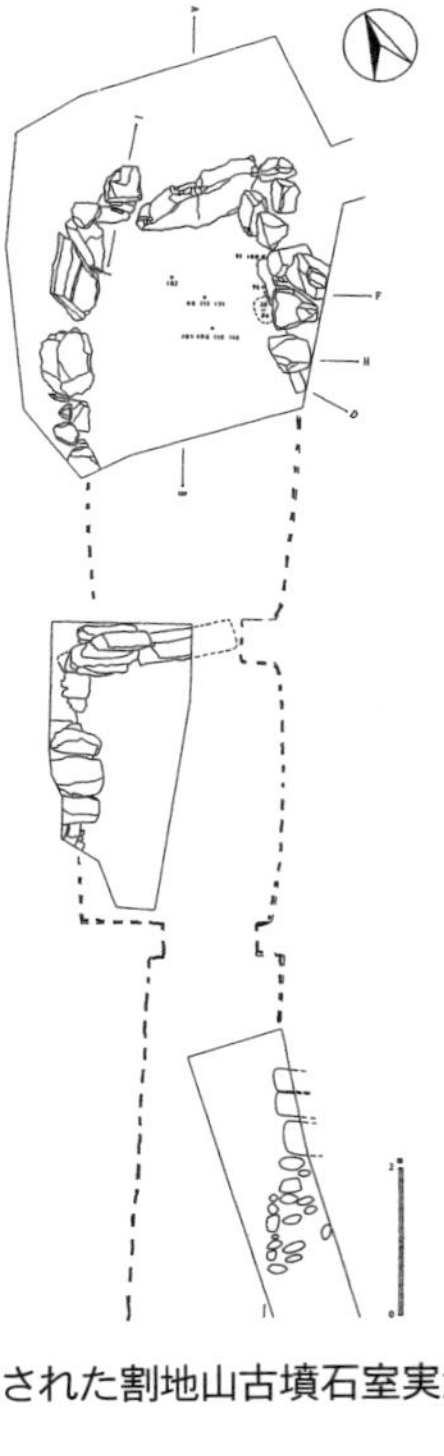

発見された割地山古墳石室実測図

8

東毛養護学校所在古墳

■太田市高林西町

豪族を乗せた馬の埴輪か

古墳に立て巡らされる埴輪の種類の中で、人物埴輪とともによく知られているのが馬形埴輪である。馬は、埴輪の歴史の中では後から加わったもので、実際の馬が古墳時代の途中から日本列島に登場することと関係する。

馬の登場は、世の中をひっくり返すような大事件だった。それまで歩くか舟しか移動の方法がなかったわけだから、どこにでも自由にしかもすばやく移動できる馬は、さしずめ明治に登場した自動車に匹敵する。

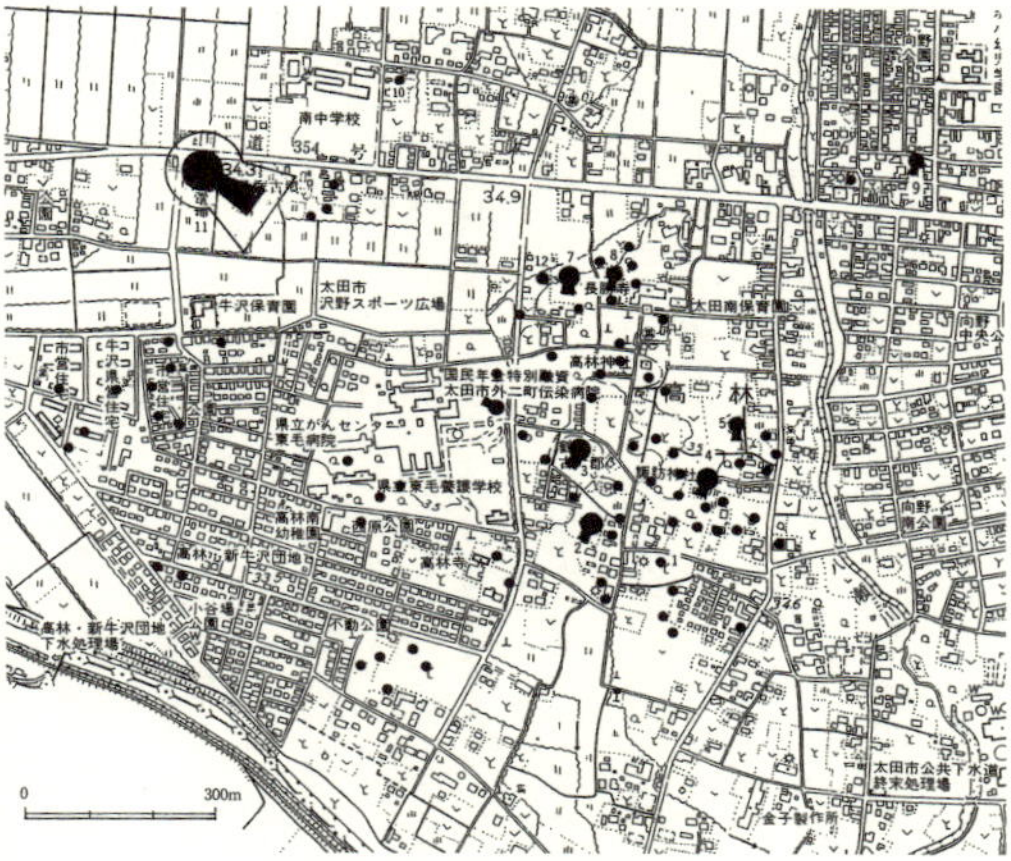

高林地区の古墳分布
左上が朝子塚。中央寄りががんセンターなので、ここに馬形埴輪出土古墳があった

馬は貴重品であり、それを手に入れた豪族にとって、この上ない自慢の種だったに違いない。そのことが馬形埴輪の盛んな樹立につながったわけである。

群馬県の地域だけでもおそらく千を超える馬形埴輪が存在すると考えられる。一つの古墳に二、三頭はざらで、時には二ツ山1号墳のように一〇頭以上がズラッと列をなしている古墳もある。

そのように数多い馬形埴輪の中で非常に珍しいものが太田市高林西町の県立がんセンター敷地内から出土している。もと県立東毛養護学校があったところで、昭和四十四年に行われた庭先の工事の際に偶然発見された。古墳に伴うことは間違いないが、辺りを見回しても墳丘らしい高まりは認められなかった。おそらく墳丘がすでに削平されてしまっていたのだろう。

最近、病院の増設工事に伴う発掘調査で、一一基の小型円墳が見つかったが、もともと存在が知られているものは一つもなかった。調査の結果、あまり高い墳丘ではなかったことも分かった。これらは五世紀後半から六世紀前半に属するものであった。養護学校の工事で見つかった当該古墳も同じ事情で墳丘の高まりが認められなかったのかもしれない。

東毛養護学校敷地内から出土した人が乗る馬形埴輪

さて、その馬形埴輪の珍しさはと言えば、人が乗った状態を表したものである点である。現在、車郷小校長の南雲芳昭さんの研究を参考にすると、全国でもわずか一六例に過ぎない。そのうちの九例が関東地方(群馬で四例)で、あとは各地に点々とあり、近畿地方にはない。どうやら、人の乗った状態を表した馬形埴輪は特殊なものらしい。古墳文化の本家本元の近畿地方にもないわけだから。

古代群馬の地は馬の生産地としても有名だった。その馬への親しみが、馬の埴輪に人を乗せる表現につながったのかもしれない。あるいは、乗っているのは、古墳に葬られた豪族そのものを表しているのかもしれない。

朝子塚古墳①

■太田市牛沢町一一一〇－二ほか

古い前方後円墳の典型

　国道三五四号を東へ走り、旧尾島町から石田川を渡ったところが、太田市牛沢地区である。平野部の真っただ中であり、南側には利根川が西から東へとゆったり流れている。この地は、上毛野地域で古墳時代が開始された当時、中心地域の一つであったと考えられる。このことを如実に物語るのが、国道の南側に所在したと伝えられている頼母子古墳（頼母子大塚山とも呼ばれた）で、東京国立博物館と東京大学に当墳出土と伝えられる三角縁神獣鏡二面、方格規矩《ほうかくきく》鏡《きょう》一面、銅鏃《どうぞく》三〇点などの充実した副葬品が保管されている。

　この古墳は、上毛野地域の前期古墳の代表的存在である前橋天神山古墳と並び称されてもよいほどの最重要古墳である可能性が強い。ただし、明治年間に、調査等もほとんど行われることなく消滅してしまったため、古墳の実体がほとんどわからない。この古墳の解明は、上毛野地域の古墳時代を考えていく上でも、大きなカギを握っている。出土品の特徴から四世紀前半の時期が考えられる。今後、前述の割地山古墳のような墳丘痕跡発見の機会を期待したい。

朝子塚古墳を南から望む
左側が後円部、右側が前方部

頼母子古墳

の推定地付近から、さらに国道を東に少したどると、道路に沿ったすぐ右手に朝子塚古墳の雄姿が見えてくる。おそらく、頼母子古墳の次世代の首長の古墳と考えて間違いないだろう。

墳丘の残りが非常によい前方後円墳で、長さは約一二三メートルを測る。道路に沿うように主軸をほぼ東西としており、後円部が西側である。後円部の直径は約六五メートルで、高さは一一・七メートルを測る。一方、前方部は前幅四八メートルで高さは七・五メートルである。

現在は、地区の雷電神社が後円部の頂上に所在しており、そこへの石段を登れば古墳頂上部にたどり着ける。社殿の裏側にまわると前方部が望めるが、後円部にくらべてずいぶん低く、細長い点が注意される。これは、古い前方後円墳の最大の特徴であり、古墳学習の入門にはもってこいの典型例である。

古墳の周囲に建物が立ち始めているので、全貌を望めるところが少なくなってきている。写真は、古墳の南側からで、おすすめのビューポイントである。時を重ねた姿をよく残している。

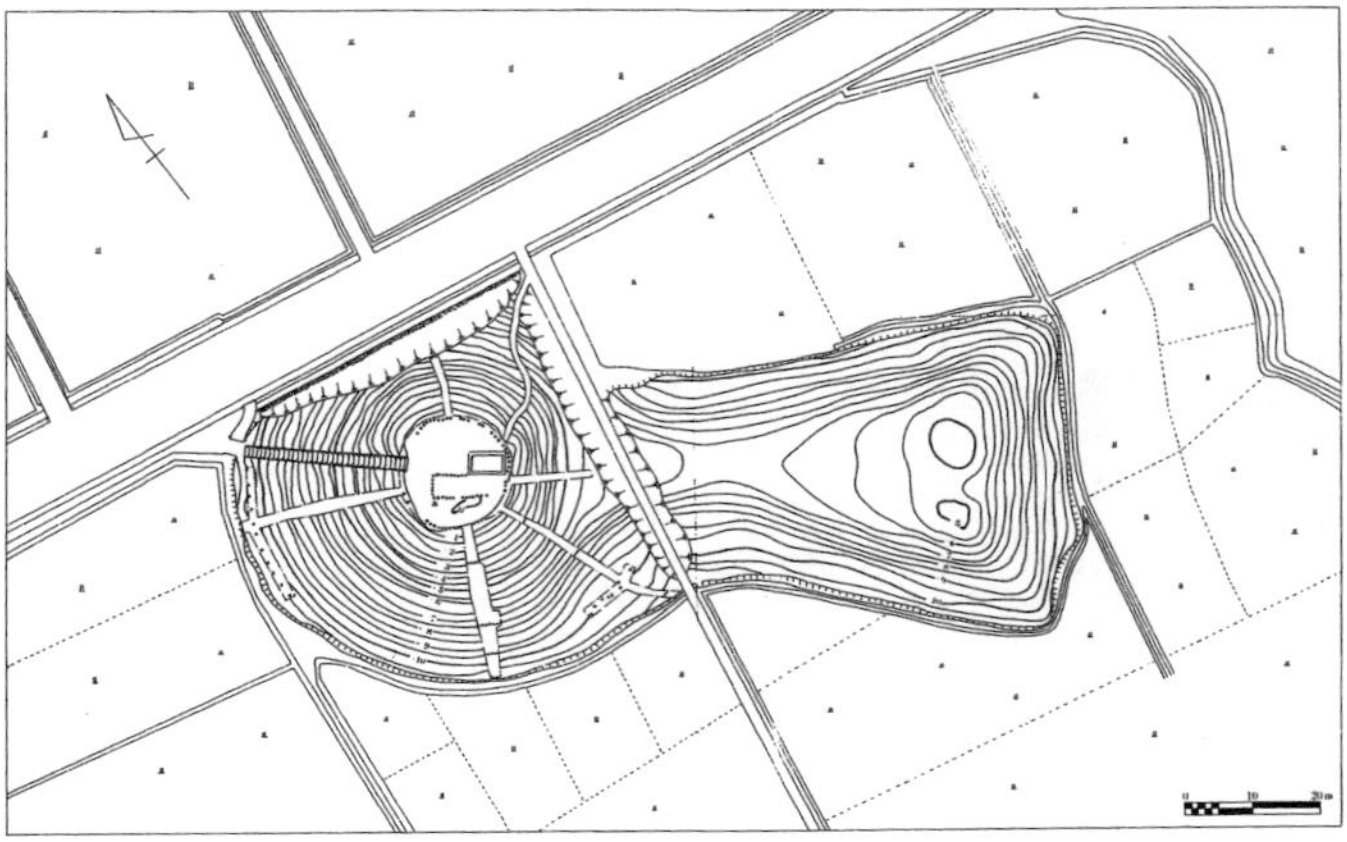
朝子塚古墳墳丘測量図

10 朝子塚古墳②

周囲と頂上面に埴輪列

朝子塚古墳は、昭和三十一（一九五六）年に群馬大学によって、はじめて考古学的な調査が行われた。その調査は十日間ほどで、墳丘測量と埴輪列の確認が主な内容で、その結果、古墳の具体的検討がある程度可能になった。

前回紹介した図面は、その時作成された墳丘測量図で、これを見ると、やや細長く、前方部にくらべて後円部が大幅に高いのが、よくわかる。

この時の調査で明らかになったもう一つの重要な成果は、埴輪列が確認されたことである。おそらく、上毛野地域で本格的に埴輪を樹立するようになった最初の前方後円墳の一つではないかと思われる。

墳丘図に示されている小さい黒丸が埴輪が見つかった一つ一つの位置である。その場所は、大きく三つの地点からなっている。

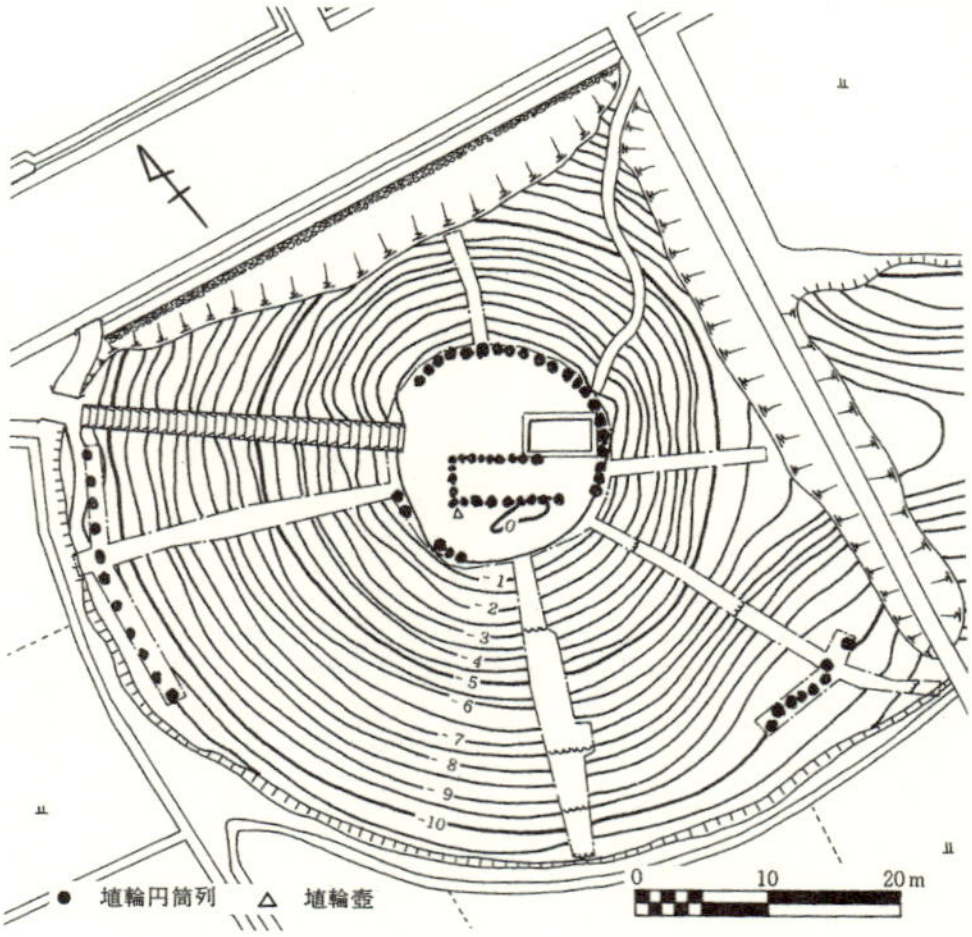

朝子塚古墳後円部埴輪配置図

まず、墳丘の一段目に沿って約二メートルの間隔をおいてぐるりと巡らされているもの（列を全体に検出したわけではないが、全周することは間違いない）。次に、後円部頂上の縁辺に沿って円形に一周しているもの。そして、その内側で、頂上面の南寄りを長方形にめぐっているものである。

　埴輪の置かれていた位置は確認できたが、詳細な調査を実施するまでには至らなかったので、見つかった埴輪の大半は現地にそのまま埋め戻された。列をなしている埴輪は、土管のような筒形をした円筒埴輪とその筒形の上に壺《つぼ》が載った形を表した朝顔形埴輪である。この他に頂上部から家、盾、壺形埴輪と思われるものも見つかっているが、詳細はわからない。将来、頂上部を本格的に調査する機会があれば、豊かな埴輪世界が明らかになるに違いない。

朝子塚古墳の壺形埴輪
側面の底寄りに孔《あな》があけられている

　ところで、頂上部で長方形に巡っている埴輪列は、おそらくその内側に主体部が存在していることを予測させる。埴輪列により、王が埋葬されている場所を守ったり、立派に見せる役割を果たしていると考えられるからである。前期に属することから、主体部は竪穴式系の施設と考えていいだろう。長方形の区画が九×三・五メートルほどなので、大木を二つに割り、中側をくり抜いて合わせた割竹形木棺《わりたけがたもっかん》と呼ばれている王者の木棺が納められていることが十分推測される。また、長方形の区画が頂上の南半分に偏っていることから、北側に並んでもう一つの同様の主体部が存在する可能性が強い。

11

太田天神山古墳①

■太田市内ケ島町一六〇六ー一

豊かな基盤を物語る規模

　これまで太田天神山古墳に、いったい何度足を運んだことだろう。もしかすると百回を超えているかもしれない。今年だけでも4回訪れている。そのうちには、自分の研究目的のために現地を確認する必要があって訪れたものもあるが、それはわずかで、大半は、県外あるいは海外の研究者の案内だったり、県内外の愛好家のグループの古墳巡りの現地講師としてだったりである。

　そんなに何回も行っていると、もうマンネリ化して、東日本一の巨大前方後円墳と言っても、あまり感動が湧かないのではと思われるかもしれない。そんなことは決してない。何回行っても、そのたびに新しい発見があるものである。このことは、私の考古学の恩師の尾崎喜左雄先生の教えの一つ、「遺跡は一回見たくらいでは、その価

天神山古墳を東側から望む
向かって右側が後円部、左側が前方部

値のうちのほんの少しが見えるだけ。何回も何回も訪ねているうちに、だんだん真実が見えてくる」との言葉に通ずる。

なぜ、それほどまでに天神山古墳を案内するのかというと、上毛野地域の古墳時代を理解してもらうためには、まずこの古墳を見てもらいたい、見せたいという思いからである。私は、大阪で長く考古学の勉強をしていたので、関西方面に研究上の友人が多い。一度も群馬の地に足を踏み入れたことのない彼らの中には、関東地方の山間部寄りの地に、なぜ質量ともに圧倒的な古墳が数多く存在するのだろうかと首をかしげる。そんな彼らが群馬にやってくることも時々ある。

熊谷駅に出迎え、車を太田方面に走らせ、妻沼から利根川を渡る辺りからだんだんと先ほどの疑問が解決してくる。はるか先に赤城、榛名山が見え、その手前には広大な平野部が展開しているのが強烈に映るからである。ヤマト王権の存立基盤であった大和盆地や大阪平野よりもはるかに広大である。これほど群馬の地が、農業基盤としての土地条件に恵まれているとは、思いもよらなかったのだろう。

天神山古墳空中写真
周囲の人家とくらべるとその巨大さがわかる

やがて、太田市街地の東端にある天神山古墳に着くころには、東日本最大の規模、墳丘長二一〇㍍の巨大前方後円墳も納得ということになる。古墳時代の群馬県が非常に優勢であったことを知る時、その根底に土地条件の豊かさがあったことをまず知ってほしいと思う。

12 太田天神山古墳②

被葬者は「毛野の王」？

五世紀前半に造られた東日本最大の前方後円墳には、どのような人が埋葬されているのだろうか。

古墳時代前期から太田天神山古墳の造られる以前までの群馬県地域は、西の前橋・高崎地域と東の太田周辺地域の拮抗《きっこう》する二大拠点を中心に展開してきたことが、有力古墳の分布状況からわかる。ところが、天神山古墳が登場した五世紀前半には、当墳が圧倒的に抜きんでている。同じ時期の西で最大の伊勢崎市お富士山古墳は、墳丘全長一二五メートルで、長さにして一〇〇メートル近い差がある。これを古墳の面積や体積で比較するならば四倍、一六倍近い差になり、両古墳の差は歴然である。この時期の天神山古墳の被葬者は、群馬県地域全体に影響力を及ぼす「毛野《けぬ》の王」であったと考えていいだろう。

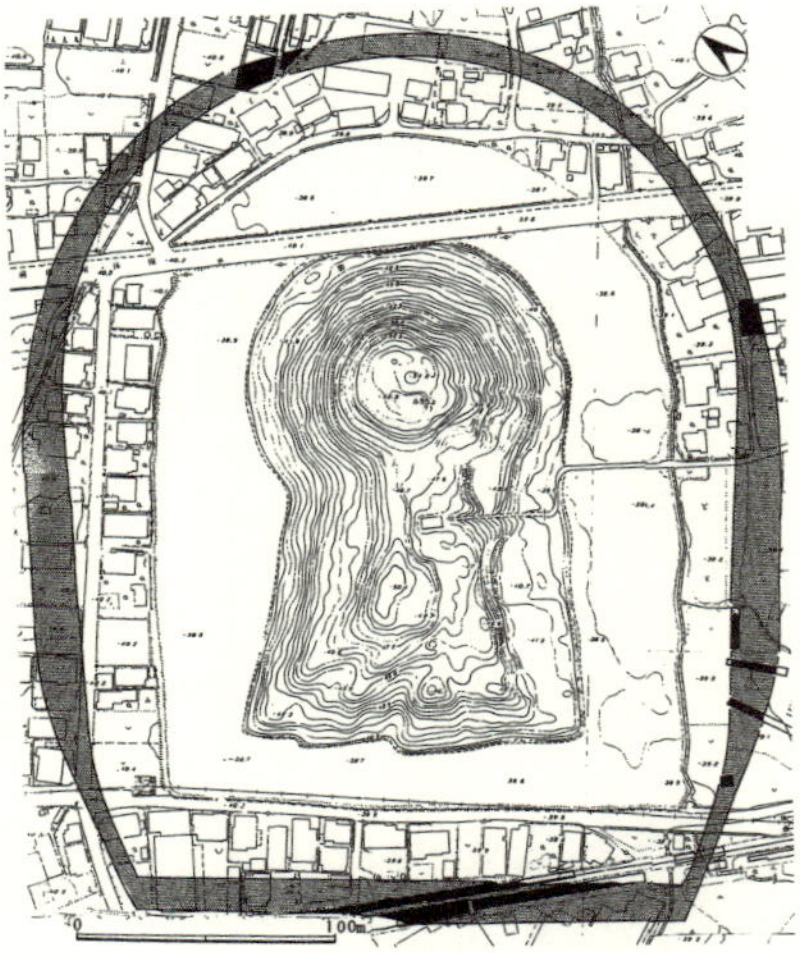

天神山古墳墳丘測量図
いちばん外側のくっきりした輪郭が外堀部分、その内側に中堤の区画があり、その内側の墳丘との間の広い空間が内堀

古墳はきれいに管理されているの

で、訪れると一七㍍近くある後円部の頂上まで、息は切れるがスムーズに上ることができる。王は、その中心部分の直下に埋葬されていたらしい。かつては、後円部頂上から前方部に下っていく中途に大きな石棺の破片が顔を出していた（今は、石棺保護のため埋められている）。江戸時代以前に掘り出された石棺が、転げ落ちたものである。元文三（一七三八）年に作成された石棺の絵図が残っているが、長さが三㍍近くある長持形《ながもちかた》石棺の底石である。むかし、衣類や調度品を収納していた長持の形に似ているので名づけられた名称である。非常によく似た長持形石棺がお富士山古墳にもあるので、この古墳の項を参照してほしい。

　長持形石棺は、五世紀の畿内の最有力前方後円墳に限って採用された石棺形式で、「大王の石棺」とも呼ばれている。ヤマト王権の有力者層の石棺であったことは間違いない。近畿以外でも各地の同時期の有力前方後円墳から見つかっているが、その数は非常に少ない。関東地方では、天神山古墳とお富士山古墳を除くと、千葉県に似ている石棺があるが、典型的なものは、群馬の二古墳だけである。もし、天神山古墳の石棺を、そっと近畿地方へ持っていって古墳に置いてきても見分けがつかないほどに近畿のものとよく似ている。

　おそらくヤマト王権の下にいた石棺工人を、同盟の証しとして「毛野の王」のもとに派遣したと考えていいだろう。

天神山古墳石棺底石の絵図

13 太田天神山古墳③

畿内の大王墓と同じ水鳥形埴輪

写真の埴輪は、天神山古墳の東側くびれ部付近で採集された水鳥形埴輪である。太田市教育委員会の文化財担当職員が現地を訪れた際に偶然発見したものである。

　埴輪は首から上だけの頭部破片である。顔や嘴《くちばし》の形状、首が太く長いことなどからして水鳥を表していることは間違いない。加えて、鳥としては大きいので、白鳥である可能性が強い。

　これと非常によく似た埴輪は、奈良・大阪の四世紀末葉から五世紀前半にかけての最大級の前方後円墳からの出土がよく知られている。初現期の代表的なものをあげれば、大阪府藤井寺市の津堂城山古墳（墳丘長二〇八メートル）、奈良県河合町の巣山古墳（同二二〇メートル）などがある。いずれも墳丘から周濠内に張り出した島状施設の部分に設置されている。ちょうど水辺に見立てた場所に水鳥がいる情景を表している。

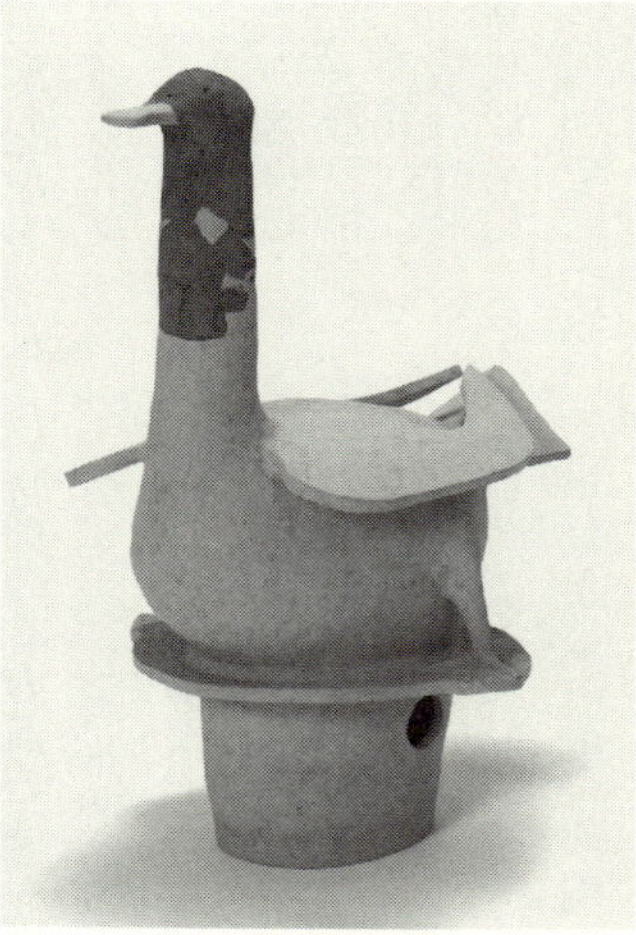

天神山古墳の水鳥形埴輪

　『日本書紀』の景行天皇四十年の項には、ヤマトタケル（日本武尊）東国遠征の物語が出てくる。蝦夷《えぞ》征討を果たしたヤマトタケルは、畿内への帰途、伊勢の能褒野《のぼの》（現在の三重県鈴鹿市付近）の地で病に倒れ、客死してしまう。そこで景行天皇の命により、この地に墳墓を築き葬った。するとその直後、そこから西方に向けて飛び立っていく白鳥が目撃されたという。埋葬施設を確認してみると衣服だけの抜け殻だった。明らかにヤマトタケルが白鳥になって（乗って）故郷の地へ帰って行ったことを示している。実際に白鳥の行方を追ってみると、大和の琴引原（奈良県御所市付近）、さらに古市（大阪府藤井寺市付近）に行き着いたそうである。そこで、この二カ所にもあらためてヤマトタケルの墳墓が築かれたところ、白鳥は安心し、天に向けて飛び去っていったと記されている。

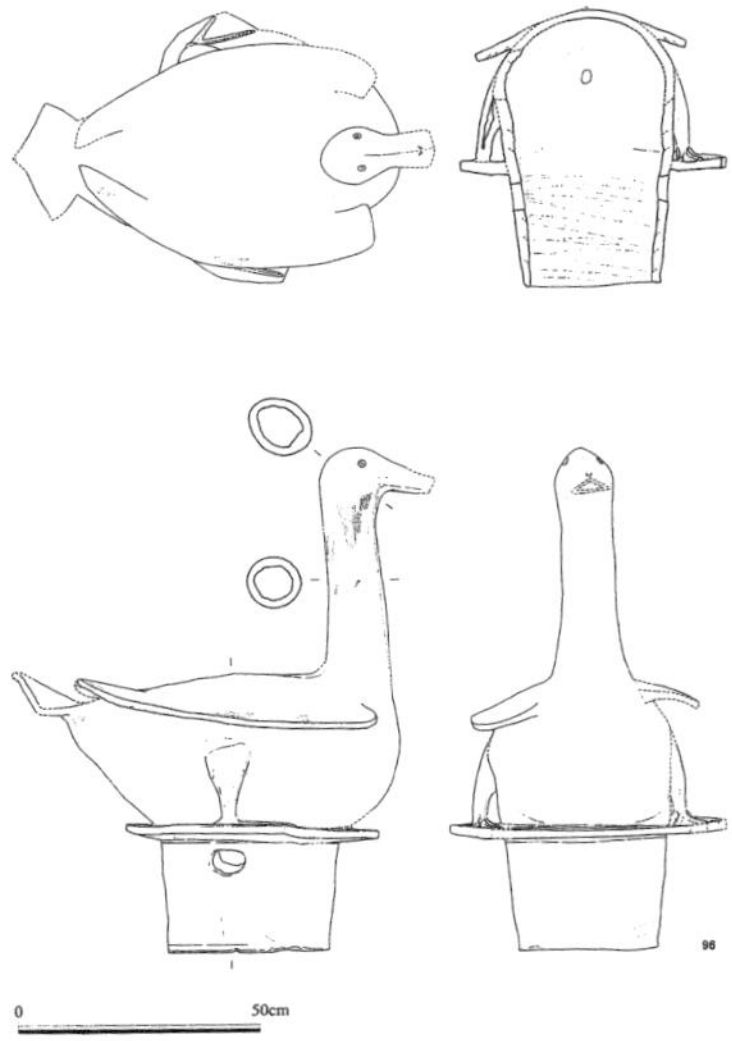

藤井寺市津堂城山古墳の水鳥形埴輪

　古墳から出土する水鳥形埴輪の存在は、日本書紀の白鳥伝承が、ひとりヤマトタケルのみに限られた話ではなく、当時の死生観の一端を示している可能性を物語る。現在までのところ、この種の水鳥形埴輪は、畿内の大王墓をはじめとする最有力古墳に限られているようであり、関東地方での出土例は、今のところ太田天神山古墳に限られている。

　畿内の有力古墳の埴輪の制が採用された可能性が強いことと、実際に畿内から埴輪工人がやって来ている可能性も考えられるところである。

女体山古墳

■太田市内ケ島町一五〇六―一ほか

天神山隣に計画的築造

　太田天神山古墳の北東方向に隣接して女体山古墳がある。かつては、地元で男体山と呼称された天神山古墳と対で理解されてきたことを物語っている。天神山の巨大墳を見た後に訪れると、通有の古墳のような錯覚におちいるが、実は、墳丘長が約一〇〇メートルにも達する大型の帆立貝式古墳である。別の場所に単独で所在したならば、十分主役の座を張れるのに、と思わずにはいられない。

　かつて群馬県立歴史博物館の常設展示室には、天神山古墳の復元模型があった。その模型のかたわらには女体山古墳も表されている。これをみると両墳の墳丘主軸が同じ方向を取っていることが一目瞭然である。天神山古墳の墓域が選定され、築造されたとき、これを基準に測量が行われ、その隣接地に女体山古墳が計画的に造られたことがわかる。長さにして約二分の一になっていることも、意図的なものであったことを物語っている。実際、天神山古墳と女体山古墳は、同じ五世紀前半の所

天神山・女体山古墳周辺地形図

産と考えられている。

帆立貝式古墳という墳丘の形式は、前方後円墳の前方部が目立って短いもの、あるいは、円墳の一部に方形の造り出し（張り出し）が付いたものをいう。女体山は後者に属している。一種の前方後円墳とも考えられるが、まだあいまいな部分を多く残しており、古墳研究上の争点の一つになっている。いずれにしても、前方後円墳や通有の円墳から区別された存在であると言える。

女体山古墳のような帆立貝式古墳の登場は近畿地方が最初で、四世紀末葉のころである。近畿の政治勢力（ヤマト王権）が、その権威の象徴として前方後円墳を誕生させたのが三世紀中ごろのことだから、それから百年以上経過したことになる。

帆立貝式古墳は、政権内部における第一の支配者層の次位の支配者（従臣）層がきちっと位置づけられるようになり、古墳づくりの上にも明確に反映されるようになったことを物語る。ヤマト王権がいっそう政治的にも成熟していったことを示している。

天神山、女体山古墳の存在は、このシステムがいち早く上毛野の地でも成立していたことを物語るものであり、注意する必要がある。

女体山古墳墳丘図

15

塚廻り古墳群①

■太田市龍舞町三〇八九ほか

水田の中から希有な存在

昭和五十四（一九七九）年の一月、私は太田市東部の龍舞町にある小町田遺跡で群馬県埋蔵文化財調査事業団の発掘調査を担当していた。館林方面から太田市を経て桐生方面へと抜ける国道一二二号バイパスの建設予定地に縄文、古墳時代の遺跡が掛かっていたからである。

付近一帯は低平な水田地帯だったので、調査が夏期だと水が湧いて苦労するだろうと、冬場を選んだつもりだった。また、現水田下ということは、高台ではないのだから、それほど規模の大きい遺跡とはならないだろう、うまくすれば梅雨の時期を迎えるまでには終了という期待もあった。

ところが、水位が低いはずの冬なのに、調査を始めて遺構が見つかる深さまで掘り下げてみると、水が湧いてきてしまい慌てた。水浸しのなかでの発掘調査ほどやりにくいものはないからである。さらに、予測とは裏腹に、現在の水田下にもかかわらず、縄文時代、古墳時代とも比較的規模の大きい集落跡が埋もれていた。ということは、古墳時代のころの調査地一帯は、今見るよりは、高台の地形で、その後の地勢変化で埋没

水浸しの中の小町田遺跡調査風景

してしまった可能性が考えられた。

出土埴輪が国重要文化財に指定され、現地は県史跡になっている塚廻り古墳群は、この小町田遺跡とは目と鼻の先の北側のさらに低いところにある。上毛野地域には、一万基を優に超える古墳が所在したと考えられるが、低平な水田地帯のど真ん中にある古墳となると希有な存在である。おそらく、古墳が造られた当時から付近一帯の地形が大きく変化している可能性が十分ある。

塚廻り古墳群の調査が行われたのは、小町田遺跡のちょうど二年前の冬である。付近一帯の広大な水田地帯に対して大規模土地改良事業が進められ、その工事に掛かる遺跡が順次調査されたわけである。その最終年に、調査対象地が最も低い水田地帯だったので、ほとんど遺跡はないだろうと予測していたところ、想像をはるかに超える内容の古墳が見つかったのである。

塚廻り４号墳全景

おそらく、本県における古墳調査の歴史の中でも、完全に近い状態で埴輪が残っていた一番のものの一つだろう。しかも、埴輪の内容が非常に充実していたのである。期限ギリギリの場面での大発見であったから、調査を担当していた県教育委員会の横沢克明さん、石塚久則さんの苦労が並大抵でなかったことは想像に難くない。もちろん、冬なのに水浸しの中での調査となった。

16 塚廻り古墳群②

王を取り巻く世界表現

塚廻り古墳群は、群馬県に数ある古墳の中で、実際に現地を訪れることを薦めたくなる古墳の一つである。

古墳の所在する現地は、調査後に、その重要性から県の指定史跡となり、工事範囲から除外されて保存された。そこに至るまでには、工事・文化財関係者や地元の人たちの熱心な働きかけがあったことは間違いないだろう。

さて、さっそく、現地を案内しよう。場所は、最近、郊外大型店としてにぎわっている太田市東部のイオンモールの前を北から南へ通過している国道一二二号バイパスを、館林方面に二キロメートルほどたどった左側の田園地帯の真っただ中である。調査された古墳四基のうち、現在は4号墳と3号墳の一部が太田市教育委員会によって復元整備されている。

復元整備されている塚廻り４号墳
埴輪も復元配置されている

写真は、以前訪れた際に撮ったものである。私は、東毛方面に用事があって行った際には、必ずこの場所の近くを通って帰宅するコース選びをし、しばし車を止めて小休憩することにしている。見渡す限り田園地帯が続き、人っ子一人見かけないことがしばしばであ

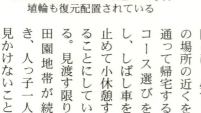

る。古墳の片隅で静かな時間を過ごすことになる。季節は、いつ行っても、その時々の良さがあるので問わない。

４号墳は、墳丘の全長が二二・五メートルで、上から見ると中心を占める円丘部の西側に四角い造り出し部分（前方部）が取り付くことから、「帆立貝式古墳」と呼ばれている形式である。前方後円墳と円墳の中間に位置した被葬者が思い浮かぶ。掲載した写真の手前側が造り出し部で、そこにはたくさんの人物・馬形埴輪が並べられている。

人物には、王を表していると思われる高貴な男子像、同じく高貴ないでたちの女子像、飲み物の入った容器を差し出す女子像、高貴な人に対してひれ伏している男子像、馬の手綱を引く男子像等々、さまざまな種類の埴輪が配されている。その場合、埴輪同士は、向き合ったり、並んだりしていて、劇の一場面を見ているかのようである。造り出し部はさしずめ劇の舞台である。そのテーマが、王を取り巻く世界を表していたことは間違いない。

この地にたたずみ、深呼吸をしたとき、古代世界との対話を体感できる思いである。

塚廻り４号墳出土人物埴輪
（坏を持つ女性）

埴輪産地示す出来栄え

以前に、群馬県の地域には埴輪を立て巡らしていた古墳がどのくらいあったのかを、研究仲間の南雲芳昭さんと共同で調べたことがある。その結果、大小合わせて一一五五基の古墳を数え上げることができた。これは、今から二五年以上前のことで、その後埴輪があることが新たにわかった古墳も数多く加わり、さらに今後も増え続けていくことは間違いないだろう。私は、その数は、二千基を優に超えるのではないかと確信を持って推測している。

全国的に見た時、この総数はとんでもなく多い数である。群馬の数を聞くと、他県の研究者はびっくりする。せいぜい五百基程度、それより少ない県がほとんどだからである。その意味では、群馬県は「日本一のハニワ県」である。日本一の最大の理由は、大きい古墳だけでなく、中小の古墳にも立て巡らされたことにある。

太田市北金井・駒形神社埴輪窯跡の製品仮置き場

埴輪を持つ古墳が非常に多かったということは、当然生産された埴輪の数も膨大な量に上ったことにつながる。埴輪生産の窯跡が数多く見つかっている所として、藤岡市と太田市がよく知られている。本県の埴輪の産地に詳しい中里正憲さんの研究によると、北武蔵（現埼玉県）に当たる本庄市周辺で生産された埴輪も上毛野地域にかなり入ってきているという。

太田市の北西方の金山丘陵とその北西側に連なる八王子丘陵の山麓部から埴輪窯跡が数多く見つかっている。塚廻り古墳群の埴輪もここで生産された可能性が十分ある。埴輪の生産は、組織化された専業集団の手によってなされた。金山・八王子丘陵の麓には「埴輪づくり専門のムラ」がいくつもあったことだろう。

塚廻り４号墳馬形埴輪

塚廻り古墳群の埴輪は、現在、実物は県埋蔵文化財調査センター発掘情報館と県立歴史博物館にある。これらに相対すると、吸い込まれてしまいそうになるほどに、素晴らしい出来栄えである。埴輪ムラの中には、数多くの作品を手掛けていく中で腕を上げていった人も当然いただろう。中にはもともと芸術的才能があって、上毛野地域全体にも名をとどろかすような「埴輪名人」がいたかもしれない。

そのような名人に指導され、厳しく鍛えられることで、出来栄えのよい埴輪は、ますます広がっていったわけである。上毛野地域に、塚廻り古墳群をはじめとして、埴輪の優品が数多く生み出された理由がよくわかる。

18 藤本観音山古墳

■栃木県足利市藤本町五三〇ほか

東毛地域最古の古墳

ここで、栃木県足利市の藤本観音山古墳を取り上げる。「群馬の古墳」と銘打っていながら、なぜ栃木県の古墳なのかと疑問に思う読者の方も多いのではないかと思う。

実は、藤本観音山古墳の所在する地は、昭和三十五（一九六〇）年の市町村合併で足利市となる以前は、群馬県山田郡矢場川村に属していた。同じころ、私が育った旧佐波郡境町（現伊勢崎市）でも周辺一帯を巻き込む大騒動の中で合併が進み、もともと一つの村だったところが二つの別の町に合併されていったのを経験している。

旧矢場川村の場合も、太田市と足利市に分村合併されたわけである。旧矢場川村の古墳については、梅澤弥三郎『矢場川村植木野區誌抄』の「解説」の項で梅澤重昭さんが詳しく述べているので参考になる。

昭和十年の県下一斉古墳分布調査の報告書『上毛古墳綜覧』を見ると、山田郡矢場川村第1号墳としてこの観音山古墳があり、「前方後円墳、全長四四〇尺」とある。このほか、矢場川村には、前方後円墳五基、円墳八四基があげられている。渡良瀬川の旧流路とされる矢場川の右岸に沿って非

藤本観音山古墳を南から望む
右側が後方部、左側が前方部

常に濃密に分布していたわけである。現在では観音山古墳など数基を残すのみとなってしまった。

　昭和五十九年から、足利市教育委員会は、藤本観音山古墳の保存活用を視野に八カ年にわたる基礎調査を実施した。その結果、四世紀前半に築造された全長一一七・八メートルの大前方後方墳であることがわかった。東毛地域の古墳時代の開始を告げる最初の段階の古墳の一つである。広大な渡良瀬川流域一帯が、古墳時代に入り急速に開発されていったことを物語る。観音山古墳に続く四世紀後半の全長約八〇メートルの前方後円墳である矢場薬師塚古墳は、西方二キロに所在しており、銅鏡をはじめ豊富な副葬品が出土し、東京国立博物館に収蔵されているが、古墳は消滅してしまった。

　私たちは地域の歴史を、無意識のうちに現在の行政区分の枠組みの中で考えていることが多い。しかし、実際の歴史では、境界地帯における現行の線引きを超えて密接に結びついている場合が多い。そこに生活する人々にとっては当たり前のことであるが、ついつい見落としてしまう視点である。

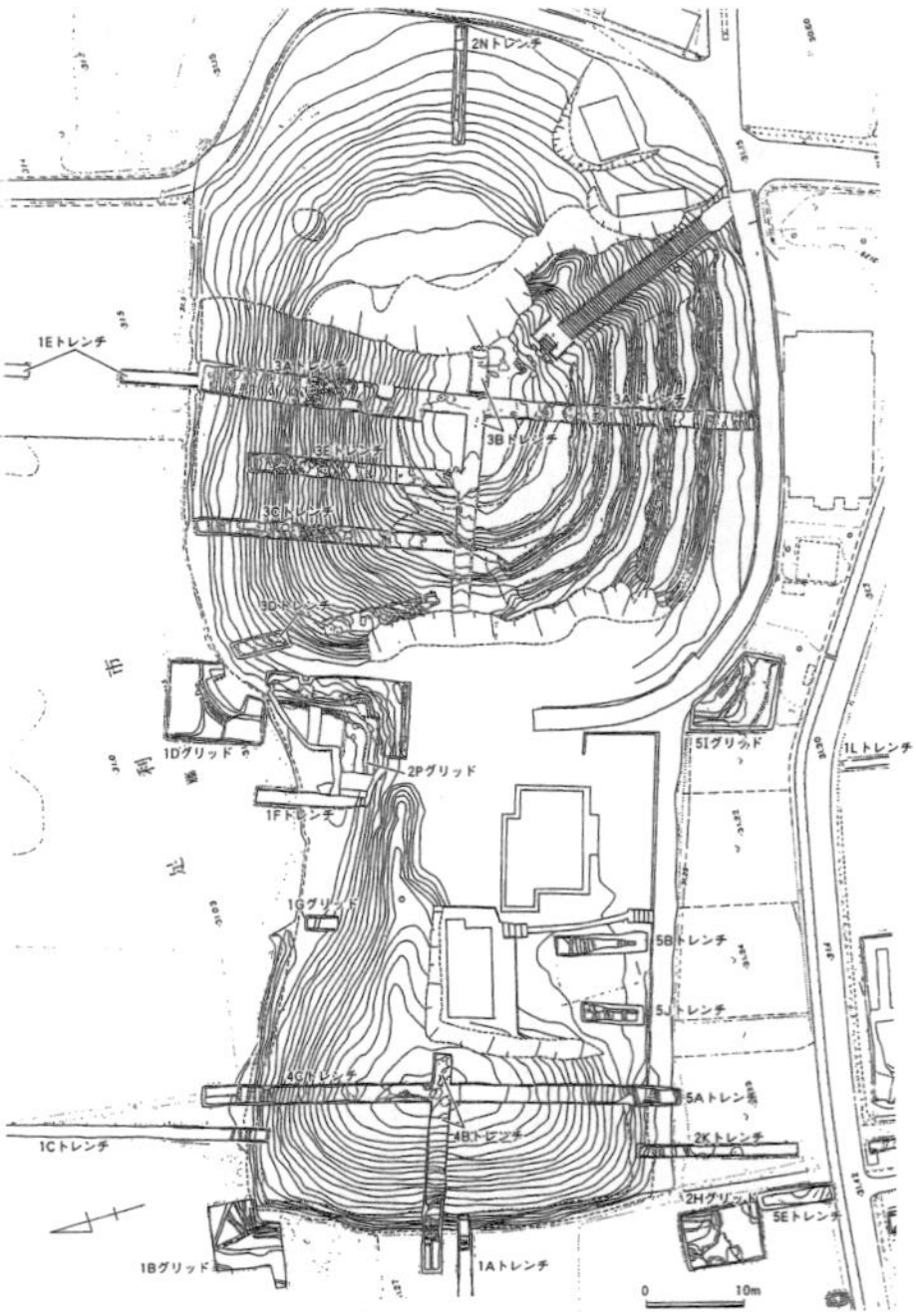

藤本観音山古墳墳丘測量図

19

今泉口八幡山古墳①

■太田市東今泉町九〇五ほか

産業地帯治めた首長

現在の太田市の中心地は、まちのシンボルである金山の南側に展開している。

ところで、私の高校時代からの親しい友人は、この金山の北側に当たる毛里田地区に住んでいたため、ここをたびたび訪れる機会があった。そこは深い緑につつまれ、夜になると風の音と虫と私たちの声以外は何も聞こえないような、同じ太田市とはとても思えないほどにゆったりと時の流れるところだった。多感で悩み多い時代を友人と夜の更けるまで語り明かしたころが懐かしい。

駒澤大学調査須恵器窯跡

ところが、このひっそりした地域一帯は、古墳時代から奈良・平安時代にかけて、非常に活発に地域展開をはかっていたことが徐々に明らかになってきた。この理解を決定的にしたのは、金山丘陵と八王子丘陵の間を通過して群馬・栃木・茨城県を結ぶ北関東自動車道の建設に伴って遺跡の発掘調査が大々的に実施されたことにある。

これらの調査成果と、それ以前に太田市教育委員会や駒澤大学考古学研究室などが実施してきた一連の調査成果を合わせると、付近一帯が上毛野地域屈指の古代のコンビナートであったことが明らかになってきた。現在の一大産業都市太田のルーツがここにあると言っても過言ではないだろう。

具体的には大規模な須恵器、埴輪窯跡や製鉄跡が発見され、また広域に他地域との間を結ぶ古代の幹線道路「東山道駅路」と思われる大規模な道路状遺構が、北関東自動車のルートをトレースするように(実際には、古代のルート選定に、現代のルート選定が一致した)発見されたわけである。

空から見た今泉口八幡山古墳
右側が後円部、左側が前方部

その真っただ中に、六世紀後半築造の墳丘全長約六〇㍍を有する前方後円墳今泉口八幡山古墳が所在している。同じ時期、付近一帯には、これにまさる前方後円墳は認められない。当古墳は、太田市教育委員会によって平成六年と八年の二次にわたって本格的な発掘調査が実施され、その全貌が明らかになってきた。

その結果、古墳時代後期以来の地域一帯の新たな、しかも大きな動きを主導していった首長としての位置付けが見えてきた。この古墳を大きく特徴付けているのは、今回の調査で具体的な構造が明らかになった横穴式石室とその奥部に据え置かれた家形石棺である。次に、これらを中心に詳しく見てみたい。

20

今泉口八幡山古墳②

ヤマト王権と特別な関係

　今泉口八幡山古墳の主体部は横穴式石室で、その奥部に石室主軸と直交して家形石棺が置かれていた。ところで、上毛野地域で本格的な家形石棺を有する古墳は、本墳に加えて前橋市総社古墳群の愛宕山・宝塔山古墳があるのみである。また、関東地方全体でも、わずかに小山市の一古墳が加わるのみである。家形石棺が極めて限定的であったということは、言い換えるならば、関東地方の首長層の間にはほとんど広まらなかったということである。関東地方で家形石棺を持つ古墳には、特別な歴史的背景があったことを考える必要があるだろう。

　古墳時代をリードした畿内地域では、六世紀の有力古墳には、必ずと言ってよいほど家形石棺が伴っている。すなわち、上は大王の墓と考えられる巨大前方後円墳から、下は小地域の有力者の墓と思われる中型円墳に至るまでくまなくである。その場合、上位の階層の石棺は、刳抜《くりぬき》式と呼ば

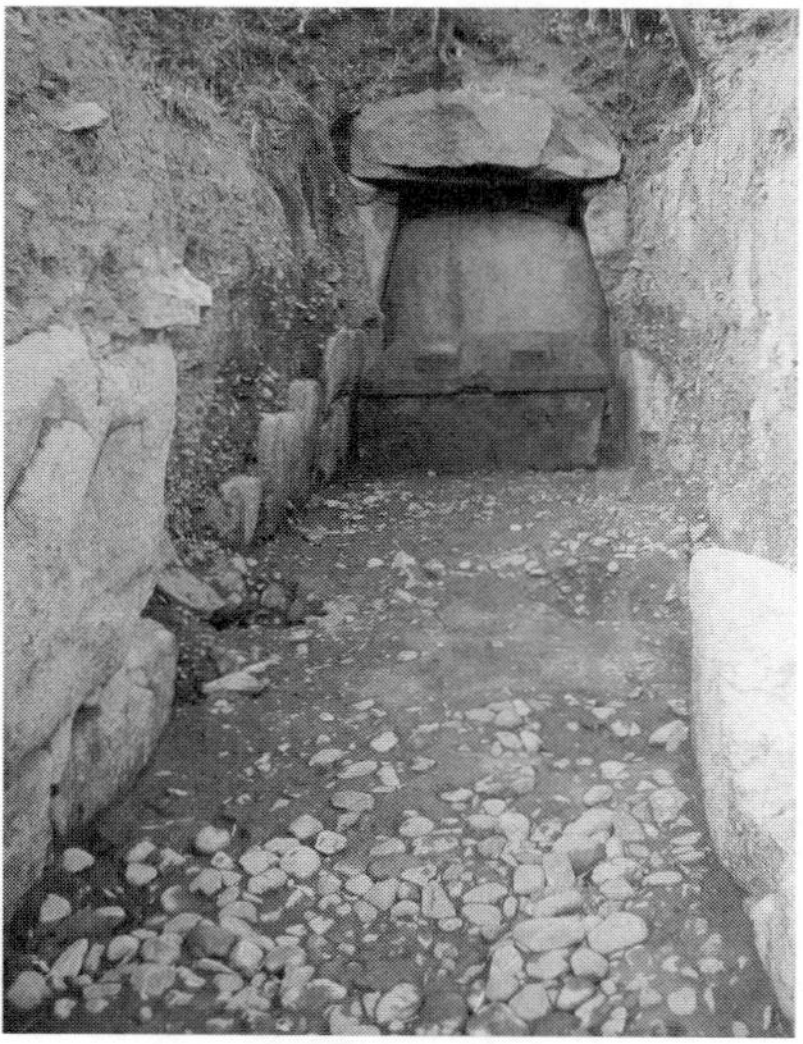

今泉口八幡山古墳石室
入口側から奥を望む。奥に家形石棺が見える

れ、箱形をした身の部分の内部を人が入れるように刳り抜き、屋根形の蓋《ふた》をかぶせる構造である。一方、下位の階層の石棺は、組合式と呼ばれ、底石、側石、蓋石のそれぞれが何枚かの石から構成される。巨大な石から造り出す刳抜式の方が、複数枚の石から構成される組合式より、技術力と労力を大幅に要したことは言うまでもない。

　八幡山古墳への家形石棺の採用は、ヤマト王権との特別な関係を物語るものと考えられる。その結果、近畿地方の墓制に定められていた家形石棺が特に取り入れられたわけである。ちなみに、八幡山古墳も総社の二古墳も、すべて刳抜式家形石棺である。

　先に指摘したように、八幡山古墳の周辺一帯は、それぞれの専門工人が組織的に配置されて最先端の製造業を展開させていた。その体制・技術力は、ヤマト王権との強い結び付きの中で得られたことが考えられる。

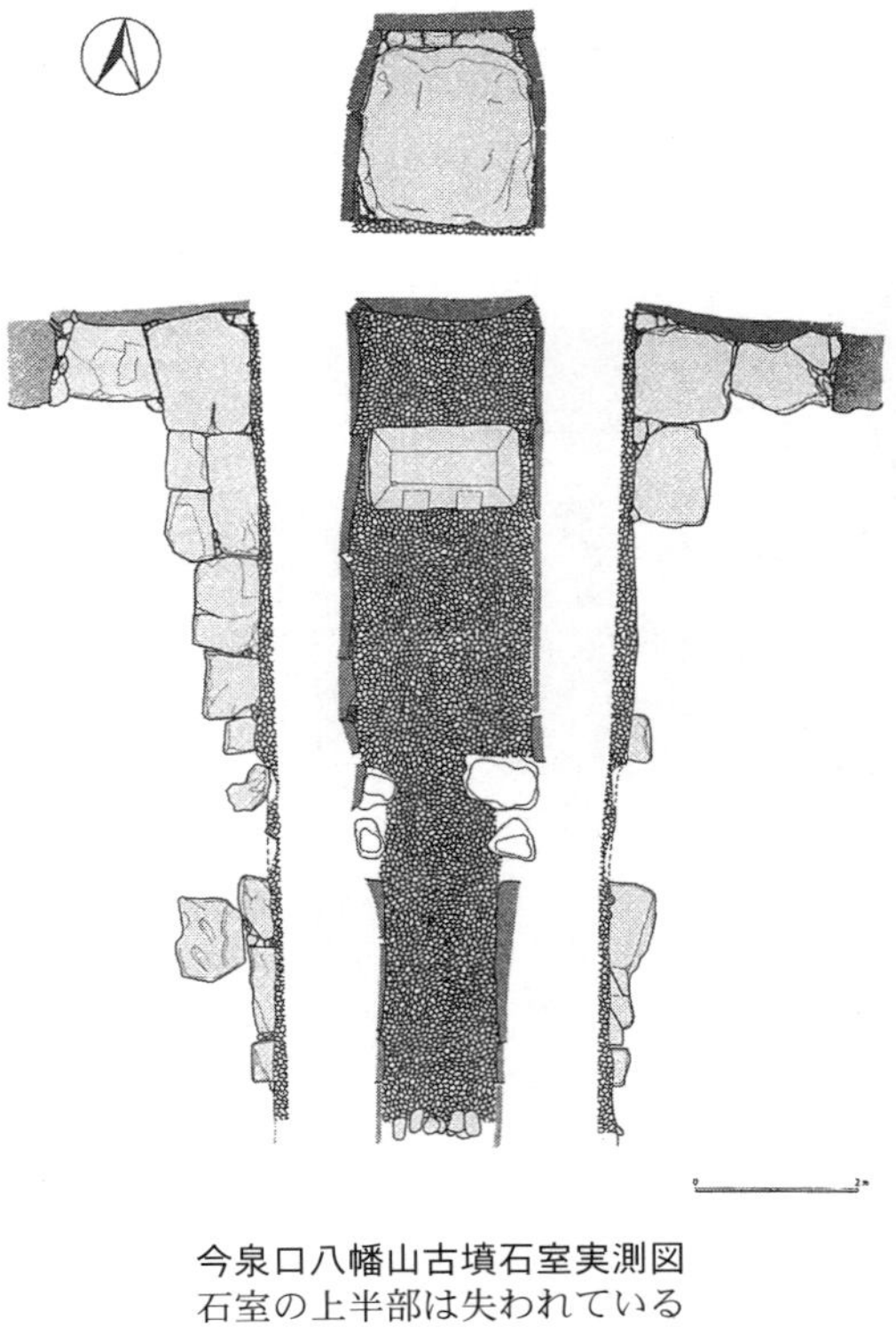

今泉口八幡山古墳石室実測図
石室の上半部は失われている

21

巖穴山古墳

■太田市東今泉町七五二

終末期の東毛地区まとめた首長

下の写真は、太田市東今泉町の大道西遺跡で発見された七世紀後半の道路状遺構の全景写真である。どれが道路の跡かというと、写真の中央に下から上へと（東から西へと）延びる二本の並行する溝（溝の縁が白く示されている）に囲まれた部分である。溝は道路脇の側溝の役割を果たすもので、道路幅は、溝を含めないで約一一メートルを有している。現在の道路と比べても非常に規模の大きいものであることがわかる。

この道路跡に連なっていると思われるものが、西は太田市（旧新田町）から伊勢崎市（旧境町）、さらに玉村町から高崎市にかけて点々と調査で見つかっている。一方、東では栃木県宇都宮市の南部で長く見つかったものが、時期的にも規模的にも同一のものである可能性が極めて強い。これは、古代の都と東国、さらに東北地方を結ぶ幹線道路であった「東山道駅路」（通称東山道）の跡と推定されている。

太田市大道西遺跡で発見された推定東山道駅路
右側上寄りに巖穴山が見える

先に紹介した今泉口八幡山古墳は、写

真左側の丘陵（金山丘陵の北側に当たる）の裾に位置しているので、東山道とは目と鼻の先ということになる。

　ところで、写真の少し上寄り、東山道の右側に隣接して林になっている部分があるのが確認できるだろうか。これは、七世紀中ごろに近い前半に築造されたと考えられる巌穴山古墳である。おそらく、八幡山古墳の次世代あるいは次々世代の首長の墓ではないかと考えられる。東山道が建設される際には、すでに巌穴山は存在していたと考えられるので、古墳を避けて、しかもその近くを通るように計画されたのであろう。

　巌穴山は、一辺約三五㍍の比較的大型の方墳で、羨道《せんどう》・前室・玄室（後室）から構成される比較的規模の大きい横穴式石室を有している。この時期の東毛地区では、最も大きい古墳である。

　七世紀の上毛野地域では、一辺六〇㍍近い規模の愛宕山・宝塔山古墳を築造した前橋市総社古墳群の勢力を頂点にした一元的支配がなされるようになっていったことが知られている。その過程で、今泉口八幡山古墳から巌穴山古墳に連なる首長が東毛地区を一つにまとめていく役割を果たしたのではないかと考えられる。その東毛の要の地を東山道は通過したわけである。

巌穴山古墳石室
前室手前から玄室入口を臨む

22 成塚向山1号墳

■太田市成塚町

基礎や盛土念入りに

土を高く盛り上げて築いた古墳が、千年以上の風雪に耐え、当時の姿をよくとどめている。私たちは、その小高い土山を当たり前のように眺めるが、もし、私たちが同じように築いたなら、一体何年その形を保つことができるだろうか。

雨が降り、やがて晴れて乾き、あるいは霜柱が立ち、晴れてぐしゃぐしゃになり、そして乾き、風によって飛ばされる。こんな繰り返しに、崩壊は瞬く間かもしれない。

ところが実際の古墳は、後世に人の手が入って墳丘が崩されでもしない限り、非常によく元の形を残している。そこには、表面からはうかがうことができない、計画的で、念入りで、理にかなった土木工法が取られていることが推測される。

成塚向山１号墳全景　南から望む

太田市の北西部、八王子丘陵の南端にあった成塚向山1号墳は、念入りな古墳造りをよく教えてくれる。それというのも、調査担当の深澤敦仁さんが感心するほどに、詳細、丹念に築造法を追究したからである。

心血を注いで見事に古墳を完成させた先人たちへの恩返しだと思えば、当然のことではあるのだが。

古墳は、一辺二一メートル、高さ二・五メートルの方形墳で、主体部の粘土槨《かく》からは、鉄製大刀・

剣・槍等の充実した副葬品が出土している。四世紀前半の築造で、古墳としては早い段階に属する。墳丘は当初の形を非常によくとどめていたが、その秘訣《ひけつ》は土の積み方の工夫にあった。古墳造りで最初に行われたのは基礎造りである。それは当時の地面を古墳の大きさ、形に合わせて削り出すことから始めている。これにより強固な墳丘の基礎地盤が確保される。盛土で造る基礎より、自然面を削りだして造る方が、はるかに強度がまさる。

次にその基礎の上に盛土を始めるのだが、最初は中心部分を四角形に空けて、それを取り囲むように四角いドーナツ状に積み上げる。それも、少しずつ土を置いては突き固めながらである。中心部分を空けたのは、ここに木棺を置くため。木棺を安置すると厚く粘土で覆い、その空間に土を丁寧に埋めていく。この時、ドーナツの部分は堤防のような役割を果たし、後から中心寄りに積まれる土の重み・圧力をしっかり受けとめる。

念には念を入れて古墳を築く根底には、人々の死者を手厚く葬る、あるいはいのちを尊ぶこころが見えてくる。

なお、現地は北関東自動車道の関連施設建設予定地に当たっていたので、古墳の基底面に至るまで綿密な調査を行ったため、今はない。

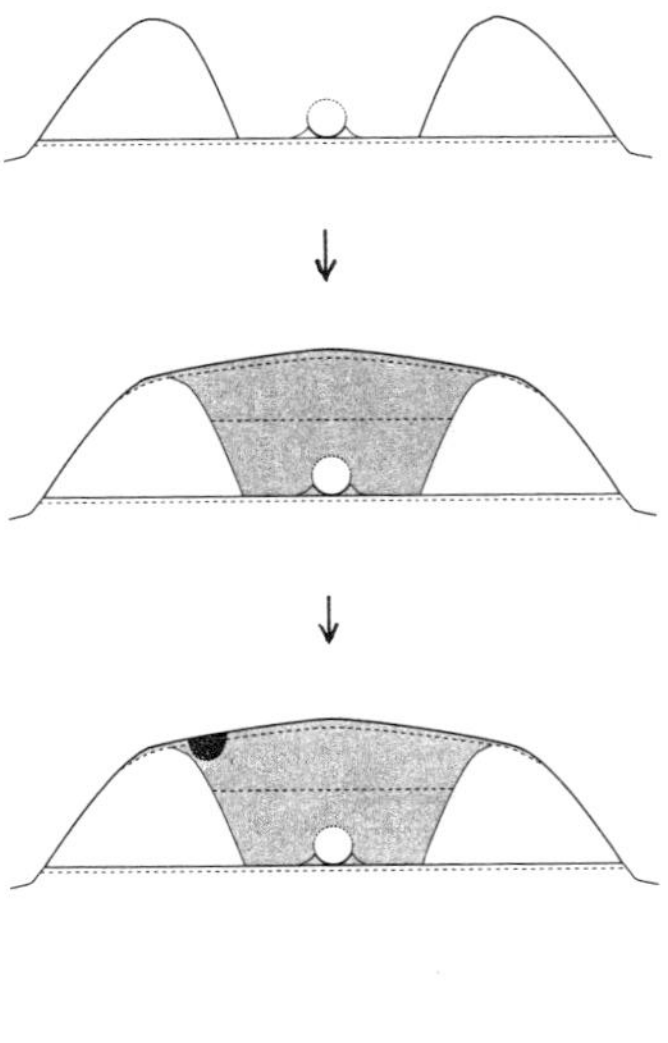

成塚向山１号墳の墳丘築成過程概念図

23

寺山古墳

■太田市強戸町一五六〇ほか

高台の前方後方墳

本県と茨城県を結ぶ北関東自動車道が全線開通したのは、平成二十三年のことである。最近は、栃木・茨城方面に所用があるとよく利用する。

その場合、伊勢崎市境に住んでいる私は、太田藪塚ICから乗るのが便利である。そこからしばらく東に進むと、金山丘陵と八王子丘陵の間に介在する東西方向の平地帯を突き抜けて太田桐生ICから足利方面に向かうことになる。そのとば口に当たる強戸地区に差し掛かると私は必ず右手の方をチラッと見やることにしている。金山丘陵の北西裾の高台にある寺山古墳の雄姿がよく見えるからである。

近年古墳の周辺一帯が広く開発されることとなったが、寺山古墳は地域にとって最重要の遺跡であるので、景観ともどもきちんと残していこうということになり、周辺の管理も行き届き、以前にも増してくっきり望めるようになった。

本墳は、昭和四十六年に実施された測量調査によって非常に遺存状態の良好な前方後方墳であることが明らかになった。東日本の諸地域では、古墳時代の始

丘陵の頂部に築かれた寺山古墳を北側から望む

まりの頃、最初に登場する有力古墳は前方後方墳である場合が一般的である。寺山古墳はまだ本格的な発掘調査が行われたことはないので、詳しく築造年代を知ることができる根拠は乏しい。

　ところで、本墳は、平地部を見下ろすように高台に築かれており、前期の有力古墳の典型的な占地形態を示している。

寺山古墳墳丘測量図

墳丘測量図から、墳丘長約六〇㍍を有することがわかる。本墳に引き続いて築造される前方後円墳の太田八幡山古墳は、同じ金山丘陵の山裾で、当墳から約三・五㌔南に行ったところに所在している。寺山古墳が四世紀初め頃に最初に造られ、引き続いて八幡山古墳が造られたと推測される。

　寺山古墳から八幡山古墳への展開の中で、墳形が前方後方墳から前方後円墳に変わり、しかも墳丘規模を大幅に拡大している点に注意する必要がある。墳丘規模の拡大は、寺山古墳の段階から始まっていった地域の大規模開発が軌道に乗っていったことを物語る。一方、前方後円墳への転換は、列島最大の政治勢力で、前方後円墳を大王墓としている近畿のヤマト王権との結びつきを一段と強めたことを物語っている。

24

太田八幡山古墳

■太田市大島町一一二九ほか

地形を巧みに利用

太田市街地の北西、大島町の独立した小高い丘陵の頂上部に、その地形を最大限に利用して造られた前方後円墳、太田八幡山古墳がある。丘陵が南北走向になっているので、その地形にまたがるように前方部を南側、後円部を北側にして築造されている。

八幡山古墳に向かう石段
上り切った頂上に古墳がある

実際に訪れてみると、人家が多く所在している南側から石段を上りつめたところに前方部の頂部の平坦面があり、その奥に一段高い後円部が位置している。この地形は、地区の寺社を建立しようとした場合、格好の場所と考えられたのだろう。現在、後円部の頂上に八幡社が鎮座している。これが古墳名称の由来となっているわけである。

自然の地形を巧みに利用して造られているので、墳丘の周囲を観察してみても、どこまでが前方後円墳の範囲になるのか、境目を確定するのが難しい。おそらく墳丘の途中までの基礎は、自然地形を前方後円形に削りだして造成し、その上に盛土をして完成したものと思われる。『太田市史』では、これまでの測量調査をもとにして、全長八四メートル、後円部径五六メートル、同高さ一〇メートル、前方部長三〇メートル、同高さ五・二メートルと想定している。丘陵地形を利用していること、後円部の高さが前方部のそれを大きく上回ること、前方部の平面形が寸胴に近いことなどは、典型的な前期の前方後円墳の特徴である。

墳丘周囲から採集されたり、部分的に行われた太田市教育委員会の調査で見つかった埴輪資料も古い特徴を有するものとされている。また、本格的な発掘調査は行われていないので、おそらく後円部にあると思われる主体部についての詳細は明らかでない。

前期の前方後円墳で八〇メートルを超す規模は、最も大きい部類に属するものである。八幡山古墳の場所は、金山・八王子丘陵の西側を太田市街地から、旧藪塚本町を経てみどり市方面へ抜けていく県道のすぐ東側に当たっている。八幡山古墳の付近から、草木の生い茂らない季節に西側から南側を望むと、眼下に大間々扇状地の扇端の平野部の水田地帯が広がっているのがわかる。この平野部が一気に開発され、豊かな農耕地となっていったのが古墳時代前期のこととされている。その大規模な地域展開をリードしていったのが、八幡山古墳の首長層であったことは間違いない。

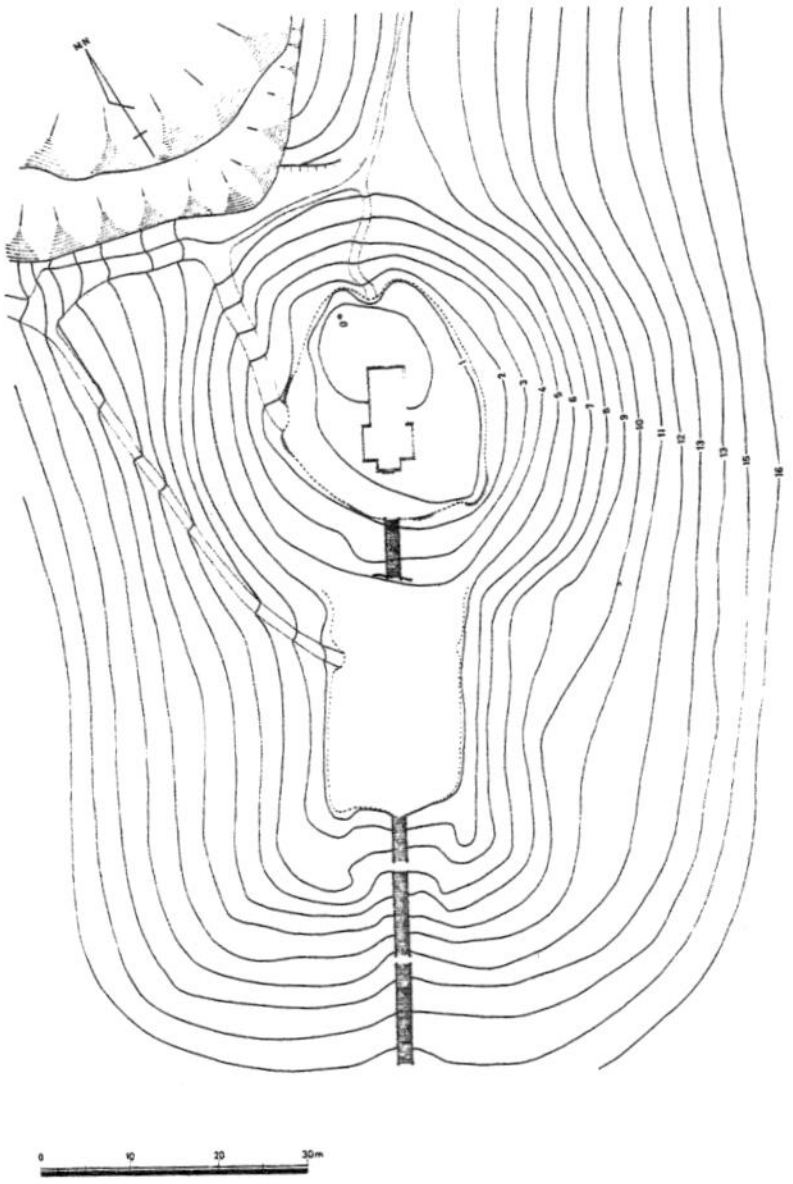

八幡山古墳墳丘測量図

25

鶴山古墳①

■太田市鳥山上町二二四〇ほか

武人しのぶ副葬品

五世紀の支配者層の古墳から出土する副葬品は、軍事的色彩が非常に濃いという特徴がある。その代表の一つ、太田市北西部の鶴山古墳を取り上げることにする。

本墳は戦後間もない昭和二十三（一九四八）年に群馬師範学校の尾崎喜左雄氏らによって調査された。墳丘は全長が約一〇二㍍の前方後円墳で、後円部の頂上面からわずかに下がったところから、長さ二・八㍍、幅〇・八㍍の竪穴式石室が見つかった。天井部を覆っていた複数の蓋石を開けると、石室の中からは、中心部分に安置された遺骸と共に多種多量の副葬品がほぼ完全に残っていた。

被葬者は成人男性と考えられ、頭を東側にして東西方向に納められていた。その頭位の上側に、鉄製の甲冑《かっちゅう》がある。甲は三つあり、剣道の胴に似た形をした短甲と呼ばれる形式である。そのうちの二領の上には冑が載り、肩を守る肩甲と首から胸のあたりを守る頸甲《あかべよろい》も付属していた。一方、遺骸の両脇には、剣が二振りと大刀が五振り、平行して置かれていた。大刀のうちの一振りには、まばゆい金銅製の三輪玉と呼ばれる飾り具が伴う。

鶴山古墳を南から望む
左側が後円部、右側が低い前方部

遺体は石室の

中に直接ではなく、木棺に入れられていたようである。棺は腐って無くなってしまったが、棺の側板と天・底板をつなぐ鉄製の鎹《かすがい》がいくつも見つかっているからである。その上に長さが一メートル以上ある漆塗りで八枚の貝が表面にとじ付けられた革製の盾がかぶせられていた。被葬者を守る役割として置かれたことがよくわかる。また、足元側には、鉄製の鏃《ぞく》がまとまって置かれており、近くから、鉄製の鎌・刀子《とうす》（小刀）・鑿《のみ》・斧《おの》・針など多数の農工具とこれらを滑石でかたどった石製模造品が数多く出土している。

鶴山古墳竪穴式石室

遺体を納めて石室に蓋をかぶせた後、そのまわりに大量の鉄鏃《てつぞく》と鉄鉾・石突《いしづき》が置かれている。鉾《ほこ》は槍に似ているが、根元が筒状になっていて柄の棒を差し込むのが、槍と異なる点である。ちなみに槍は、根元を細くして、逆に柄の棒に鉄の根元を差し込む構造である。石室の周りにも、外敵を威嚇し、守るための武器が置かれていたことになる。

鶴山古墳の武器・武具類は、高度の技術によって製作された時代の最先端を行く品々である。到底、自力で制作し、まかなえるようなものではなかった。このような技術・専門工房を独占していたと考えられているのが、近畿のヤマト王権である。東国の地域首長に、王権の軍事的側面の一端を担うことが期待されたことを物語る。

26

鶴山古墳②

一人で甲冑三セットを保有

鶴山古墳の副葬品は、群馬大学所有であるが、その保存・活用のため、すべてが群馬県立歴史博物館に寄託されている。私は、昭和六十年から平成四年にかけて、博物館の石川正之助氏に声掛けしてもらい、この副葬品の基礎的調査をする機会があった。

本務に支障のないように、土日を利用して月に二回ほどの博物館通いがずっと続いた。地下の研究室で一日中さまざまな副葬品とじっくり向き合う日々は、充実した至福の時間だった。この調査のおかげで、遺物を丹念に観察し、無尽蔵に潜む情報を引き出す術をある程度習得することができた。

以下、この調査で注目されたいくつかの特徴を紹介することにしよう。

副葬品の中で中核的な位置を占める甲冑類は三セットからなる。仮にA・B・Cセットと呼ぶことにする。Aは、短甲・頸甲《あかべよろい》・肩甲・冑からなる。BもAと同じ組み合わせである。ただし、付随する冑の形式が異なる。Cは、短甲のみからなる。次に各セットについてもう少し詳しく見てみよ

甲冑類出土状態写真

う。

短甲は、体の胴まわり部分を守るもので、長方形、三角形、横長の長方形の地の鉄板を細長い帯状の鉄板でつなぎ合わせて全体をかたちづくる。大きな流れとしては、地板が長方形→三角形→横長の長方形(横矧板《よこはぎいた》)と推移する。その場合、小孔をあけた鉄板と鉄板を革紐で綴じ合わせる手法(革綴《かわとじ》式)と鉄鋲《びょう》で接続する手法(鋲留式)がある。後者の方が新しい手法で、五世紀前半でも中ごろに近い時期に変化する。それゆえ、Aの「横矧板鋲留式短甲」は、最も新しい短甲となる。Bの短甲も同じ形式である。これに対してCの短甲は「長方板革綴式」であり、最も古い部類に属する。おおよそ四世紀後半から五世紀初めを中心に製作されたものと考えられている。

鶴山古墳の横矧板鋲留短甲

A、Bの短甲・頸甲・肩甲・冑の組み合わせは、ほぼ完全なセットに近い。その場合、伴う冑が、Aは衝角《しょうかく》付式、Bが眉庇《まびさし》付式と異なる。後者が鍔《つば》付きで、野球のヘルメットのような形状であるのに対し、前者は鍔なしで、軍艦の先端部分に取り付く攻撃用の衝角に似ているのでこの名称がつけられた。

鶴山古墳の主体部は一体埋葬であるから、その築造時期は、甲冑類の中で新しい横矧板鋲留式短甲《よこはぎいたびょうどめしきたんこう》の五世紀中ごろ前後ということになる。一人の首長が三セットもの甲冑を保有していたことに興味が持たれると同時に、その入手のしかたが注意されるところである。

27 鶴山古墳③

時代の最先端をいく品々

　本墳が築造された時期の関東地方を見渡した時、一古墳で三セットもの甲冑類を保有していたこと自体が注目されるが、加えてさらにいくつかの特筆される遺物がある。そのうちで私が特に注目しているのは、鉄製の鎹《かすがい》と革製盾、そして金銅製三輪玉である。前二者は、この時期の関東地方ではまったく類例を見ないものであり、後者は時期的に最も早い出現例である。

　木棺の部材を接合するのに使用した鎹は、それ以前の日本列島には存在しなかったものである。一方、朝鮮半島では日本の弥生時代に当たる原三国時代から存在しており、半島の五世紀古墳の主体部からは、必ずと言ってもよいほど確認できる。日本列島全域では、西日本を中心に時々散見するが、普遍的というのにはほど遠い存在である。言い換えるならば、五世紀中ごろに近い時期としては非常にめずらしいものであり、東日本では唯一である。鶴山古墳の被葬者が、この時期の東日本の豪族としては、朝鮮半島との深い関係を持ってい

金銅製三輪玉
長さ約3㌢、同じものが全部で6点ある

た特異な存在であった可能性がある。

革製盾は、木質等で造られた枠に革を張って作られたものである。革自体は腐朽してしまって存在しないが、革に刺繍を施して、その上に漆を塗布していたため、その漆皮膜が残っている。また、木枠に革を貼って隅部を留めた盾隅金具が四点ある。さらに革製の盾面に縫い付けられたと思われる帆立貝六枚も存在している。これらの出土位置関係を勘案すると、この盾は、木棺の上面に被せるように置かれていたと考えられる。この種の革製盾も、今のところ関東・東方地方では唯一例であり、畿内地域には比較的多くの事例が知られている。

鉄製鎹
左側で棺材に打ち込まれている様子がわかる

銅に金メッキを施す技術は、朝鮮半島からもたらされた金属加工技術であり、この時期までに存在する金銅製品には、舶来品のものが多い。ところで、三輪玉は、儀仗《ぎじょう》的な色彩の強い大刀に伴う附属具で、日本列島固有の大刀と位置付けられる大刀に伴うものである。そのため、「倭系大刀」と呼称されている。それゆえ、金銅製三輪玉は、明らかに日本列島で製作されたものと考えて間違いないところである。

鶴山古墳の武器武具類を中心とした豊富で貴重な品々は、この被葬者が、ヤマト王権の軍事的側面の中枢の一端を直接担う存在であったことを十分推測させるところである。

28

二ツ山1号墳①

■太田市天良町一六七ー八五ー乙ほか

東毛の重要地点に造営

足尾《あしお》山塊に源を発する渡良瀬《わたらせ》川は現在、みどり市の大間々《おおまま》地区から南東に折れて桐生市街地の南側を通過し、さらに本県と栃木県の境を板倉町の先の利根川合流点に向けて流れている。はるか有史以前には、大間々市街地からそのまま南方に流路を取り、現在の伊勢崎市東部から太田市西部にかけての間を、流路を東西に変えながら流れていた。その長い期間の流路痕跡が大間々扇状地の形成につながったわけである。地理の学習にはうってつけの典型的な扇状地であり、旧藪塚《やぶづか》本町から新田町、さらには境町から東村、赤堀町にかけての一帯を歩くと広大な扇状地形を目の当たりにすることができる。

発達した足尾山塊からもたらされる豊富な水は、今でも伏流水として大間々扇状地の下部を流れ、扇形の先端部に当たる旧新田町や境町を中心に湧水としていくつもの地点で顔を出している。この湧水が水稲農耕経営や生活水として、地域一帯の人々にもたらした優位性は計り知れない。伊勢崎市から太田市にかけての湧水点をつないだ地帯が、遺跡の大密集地であることが、そのことを如実に物語っている。

二ツ山１号墳を西から望む
右側が後円部、左側が前方部

六世紀後半の大型前方後円墳二ツ山1号墳（墳長約七五㍍）が所在する太田市天良《てんら》付近もそのような大間々扇状地の湧水点に近い地点である。東山道駅路と推測される道路状遺構は、古墳の南側を東西に走り、その道路際から最近、古代の「新田郡家《ぐうけ》」跡（天良七堂遺跡）が見事な姿をあらわし大きな話題となった。

また、この付近には、下野国から陸奥・出羽国へと通じる駅路の本線から枝分かれして武蔵国（現在の埼玉県・東京都西部）へと向かう支路の分岐点が所在することが明らかになってきている。この付近一帯が古代東国の最重要地点の一つであったことがわかる。このような七世紀以降の歴史展開にとって、その前段階に二ツ山1号墳が存在したことは、無縁でないことが十分想像されるところである。

二ツ山1号墳横穴式石室　入口側から玄室奥部を望む

県道の伊勢崎足利線を伊勢崎方面から東へたどり、その道路脇で見つかった新田郡庁跡の場所の少し手前の信号を北に折れて進むと、農道に沿って延々と東西に続く松の防風林に出くわす。これを東へしばらくたどるとその北側に古墳が見えてくる。墳丘の残りが非常によく、おそらく本県にある前方後円墳の中では、最も残りのよいものの一つと言える。これが二ツ山1号墳である。次に、古墳の内容をさらに詳しく見ていくことにしよう。

29 二ツ山1号墳②

充実した埴輪列が存在

二ツ山1号墳が広く知られるようになったのは、昭和二十三（一九四八）年に慶応大学が墳丘を中心とした調査を実施し、充実した内容を誇る埴輪列の存在が明らかになってからである。このころ、墳丘の全体に調査を及ぼす機会はほとんどなかったので、埴輪列の全貌がよくわかる類例は非常に少なかった。

その中で当墳は、基壇面上から多量の人物・動物（特に馬）埴輪が列をなして確認され、また墳頂部からは家形埴輪五個体以上が、直線上に適当な間隔をあけて確認されている。特に目を見張らせたのは後円部に配された馬で、その数は一三頭以上に及ぶものであった。

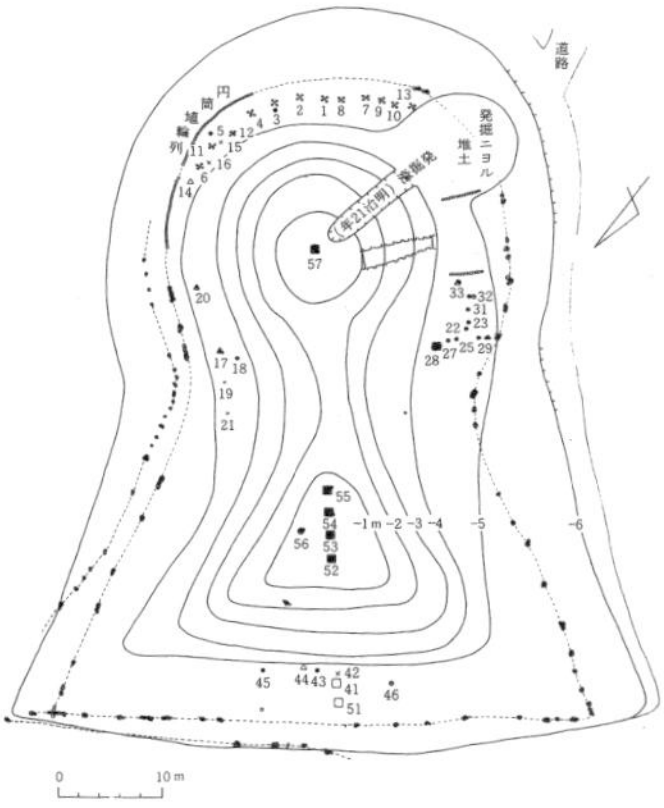

慶応大学が発表した二ツ山1号墳埴輪配置図

なお、基壇面上では一番外側に円筒埴輪列が配され、人物・動物列は、その内側にくるものであったから、数の上からすれば墳丘を取り囲む埴輪は円筒形が圧倒的ということになる。これらのうち、形象埴輪は調査後に取り上げられ、現在は慶応大学に保管されているが、円筒列は確認、測量後に現地にそのまま埋め戻された。

本墳の主体部は後円部の中央に位置し、南に向けて開口する横穴式石室である。現地を訪れると、入り口が木製の扉で閉鎖されているが、そばまでいけば中までのぞけるので懐中電灯の持参をおすすめする。

石室が開口されたのは、慶応大の調査に先立つ明治二十一（一八八八）年のことで、地元の人たちの手によるものであった。この時、石室内から見つかった副葬品は現在、宮内庁書陵部と東京国立博物館に保管されている。前者には、金銅製装飾大刀・耳環・馬具・鈴等があり、後者には、馬具類、鉄鉾・石突（鉾とは反対の柄の尻部分に取り付く）・鉄鏃《てつぞく》等がある。東毛地区でも有数の六世紀後半の前方後円墳にふさわしい。

ところで昭和五十六（一九八一）年には、新田町教育委員会が当時、生品中学校の校長をされていた木暮仁一先生を中心にして本墳の横穴式石室とその入り口前の発掘調査を実施した。私も先生に声を掛けてもらい、調査に参加することができた。調査では、石室内を埋めていた後世の土砂を取り除き、本来の姿に戻した。また、石室入り口前は、葬送儀礼の空間を埴輪列で区画しているのが明らかになり、調査後埋め戻された三三年前の埴輪列の一端をよみがえらせることができた。

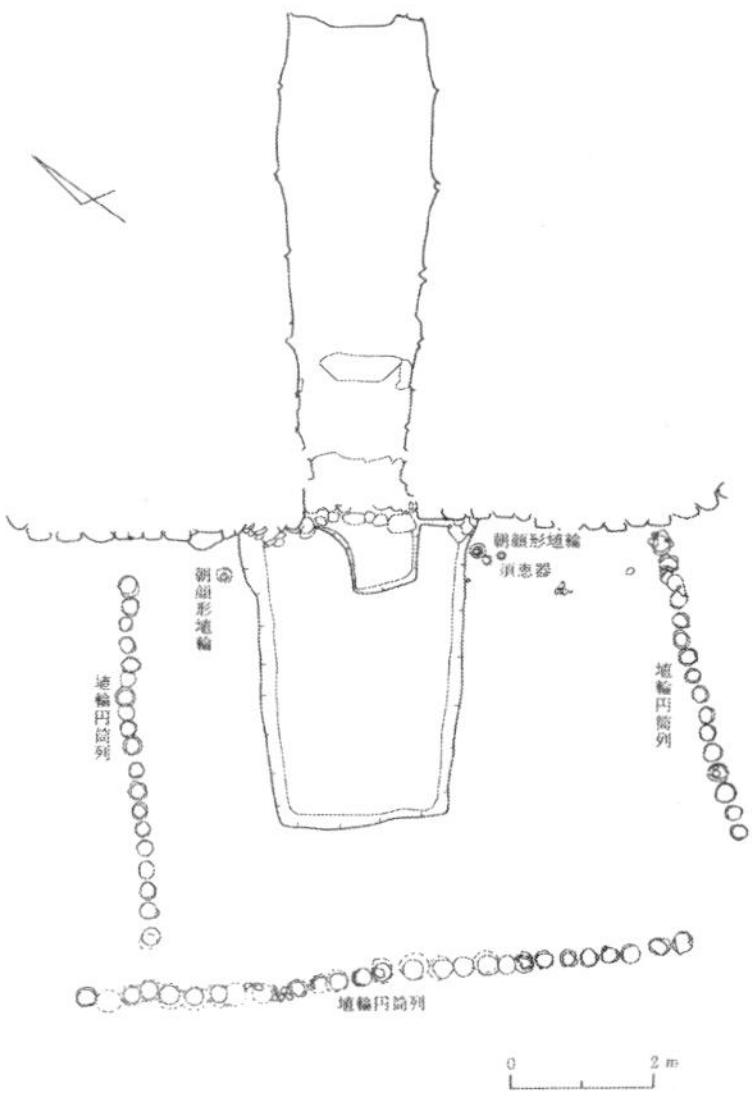

昭和56年調査で検出された石室入口前埴輪列

30

宝泉茶臼山古墳

■太田市別所町四〇二ほか

太田天神山に次ぐ巨大前方後円墳

一口に群馬県と言っても、端から端まで となるとずいぶん広い。私が生まれ育ったのは、旧境町（現伊勢崎市）で、伊勢崎や前橋とのつながりが深い「だんべえ」コトバの真っただ中だった。それが太田市の高校に通うようになり、初めて東毛地区の人たちと接するようになった。そこでちょっとしたカルチャーショックがあった。クラスメートの大半は、太田、邑楽、館林の出身で、話しているコトバの言い回しやイントネーションがだいぶ違うのである。その時、「群馬県って広いんだなあ！」と実感したものである。

宝泉茶臼山古墳を西側から望む

群馬県の主要地域は、古墳時代には「毛《け》野《ぬ(の)》」あるいは「上毛野《かみつけぬ(の)》」と呼ばれ、山地を除いた現在の県の範囲に近いまとまりがすでに成立していた。その大きなまとまりの中に、東と西の二つの地域圏があったことが知られている。東は、現在の太田市を中心とし、西は前橋・高崎市を中心とした地域である。このことがよく分かるのは、それぞれの地域で造られた大型古墳のあり方である。古墳が造られ続けた約四百年の間、その節目節目の両地域を比べてみると、常に甲乙つけがたい大古墳がいずれにもあるからである。

一例として、四世紀末葉に築造された二つの大前方後円墳を紹介したい。一つは、太田市東部にある宝泉茶臼山《ほうせんちゃうすやま》古墳である。これは墳丘全長が現状で一六四・五メートルの県内で三番目の巨大前方後円墳である。古墳の東側に隣接して中世の新田氏に関係する円福寺という由緒ある寺があり、またその累代の墓とされる五輪塔群が並ぶ。最近は、古墳よりこちらの方がよく知られており、「新田荘遺跡」として国史跡に指定されている。このお寺の背後から覆い尽くすように前方後円墳が横たわっている。あまりの巨大さに、上毛野地域を代表する大前方後円墳の一つだと気づいている人は少ない。ちなみに、もう一つの前方後円墳は、高崎市の浅間山古墳（一七五メートル）である。

その大きさを実感するには、お寺の東側から墳頂に上り、そこから墳丘の西側を見下ろすのがいい。首を一八〇度以上振るように追っていかないと古墳の全体が目に入らない。かつて小規模に発掘調査が行われたことがあるが、見つかった埴輪は大型の非常に立派なものであった。

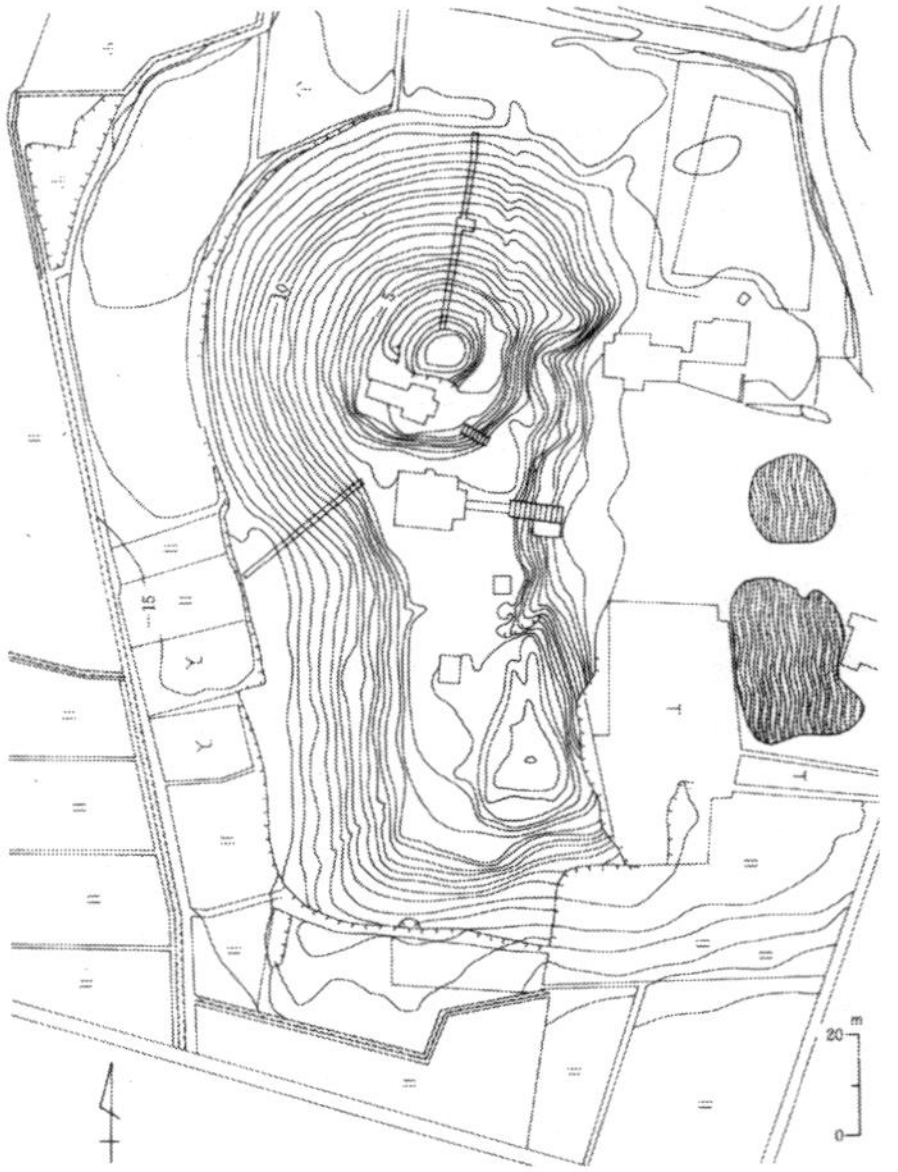

二ツ山１号墳石室と埴輪列
（昭和56年の調査）

31

北山古墳

■太田市藪塚町三四二二

丘陵上に単独で所在

北山古墳にはじめて行ったのは、大学四年生の時である。私の考古学の恩師尾崎喜左雄先生の著書に、昭和二十七年に世界社という出版社から刊行された『古墳のはなし』という本がある。この本は良書の誉れ高いものであったが、長く絶版になっていた。その復刊計画が、学生社という出版社から持ち上がり、旧本の中に挿入されている古墳等の写真を撮り直して掲載しようということになった。

尾崎先生から写真準備の指示を受けた大先輩の石川正之助さんは、撮影のアシスタントとして私に声を掛けてくれた。それで、七〇ccのスーパーカブ号の後ろにカメラバッグを提げた石川さんに乗ってもらい、県内各地をしばらく撮影して走りまわった。

北山古墳を南側から望む

北山古墳は、尾崎先生のお気に入りの古墳の一つらしく、本の中に三回写真が登場してくる。一枚は古墳全体を納めたもの、もう一枚は横穴式石室の入り口部分、もう一枚は石室の内部を写したものである。訪れたのは昭和四十七年のことだが、その二〇年前と比べて古墳、周りの景色ともほとんど変わっていなかった。

　北山古墳の場所は、藪塚温泉郷から北側の山中に少し入っていった丘陵の上で、単独で所在している直径約二二㍍の比較的大型の円墳である。このやや人里離れたところに独立するあり方は、七世紀の有力古墳にあるところで、高崎市山ノ上古墳、渋川市金井古墳等に類例を求めることができる。奈良・大阪に行くと、同期の有力古墳に多くの類例を確認することができるので、その影響を強く受けたものと考えられる。

北山古墳の横穴式石室
入口側から奥を望む

　主体部の横穴式石室も非常に立派なもので、羨道の入り口の両側とその奥の玄室入り口の両側には、門柱状の縦長の石を配して入口部を強調している。石室を構成している石材は、近くの山で採取できる凝灰岩（当地では「藪塚石」と呼ぶ）をきれいに加工したものである。この古墳が七世紀後半に属することと、後の古代新田郡のリーダー層になっていくような階層に属していたことがわかる。

32

文珠山古墳

■太田市世良田町東照宮西甲九二五

頂上に鎌倉期の宝塔

題名の「文珠山」だけで、「あっ、あの古墳か！」と思い浮かぶ人は、「かなりの古墳通」である。ただし、旧尾島町（太田市）世良田の長楽寺にある小高い山の上に造られた徳川氏累代の墓と伝えられる石塔群、と聞けば、訪ねたことのある人も多いのではないだろうか。

この石塔群のうちには、建治二（一二七六）年の銘を持つ鎌倉期を代表する宝塔（国重要文化財）もあり、全国的にも有名である。また、長楽寺を理解する上でも重要な構成要素となっている。

この石塔群の置かれている場所が前方後円墳の後円部の頂上なのである。昭和四十八年、群馬県が実施した長楽寺の総合調査に参加する機会があった。その際、学生仲間と広大な長楽寺の寺域の測量を担当した。

現在、国登録有形文化財になっている旧世良田村役場（尾島町に合併後は公民館）に寝泊まりし、来る日も来る日も単調な測量作業に明け暮れた。そんな中で、文珠山のところへさしかかってきた。山の周りをぐる

文珠山古墳の後円部を北側から望む
この奥に前方部がある

っとして、これは前方後円墳であること、非常によく墳丘の形が残っていることがわかり、がぜんモチベーションが上がってきたのを記憶している。

　墳丘は、長軸を南北に取るもので、南側

後円部頂上にある鎌倉期の石塔群

が前方部、北側が後円部となっている。墳丘の真横、東側から石段を上がって登り詰めたところに石塔群はある。その頂上から南側の前方部を望むと、後円部にくらべて、だいぶ低いのがわかる。長軸を南北に取ることとも合わせ、これらの特徴を持つ前方後円墳は比較的古い段階（四世紀から五世紀前半）のものであることが知られている。

　ただし、これまでに発掘調査などは行われていないので、全体像の解明は将来を待たなければならないが、古い前方後円墳であること、東毛地域の中でも重要な位置を占めることは間違いない。現状では墳丘長約五〇㍍ほどだが、測量図を見ると前方部前端が欠けているので、元々は六〇㍍近いものであったとして間違いないだろう。

　長楽寺の南側に併設されている新田荘歴史資料館の庭先には、この場所で見つかった小型円墳の竪穴式石槨《せっかく》の位置が明示されているので、文珠山の周辺には、他にも古墳がいくつかあったようだ。

33

世良田諏訪下遺跡

■太田市世良田町

水田の下から七二基

私がまだ学生時代のころ、東武伊勢崎線世良田駅の周辺一帯は、見渡す限りの水田地帯だった。当時、このような低い土地には、遺跡はあまりないと考えられてきていた。それゆえ、昭和四〇年代前半までは、水田地帯で発掘調査が行われることはほとんどなかった。この古い常識を変える時がやってきた。水田の下にもたくさんの遺跡が埋もれていることがわかってきたからである。

問題の世良田駅周辺では、国道一七号バイパス上武国道の建設に伴って歌舞伎遺跡、小角田前遺跡の調査が行われ、現在の水田の下から、古墳時代から奈良平安時代にかけての大量の竪穴住居跡が見つかった。さらに、東武線の北側に計画された工業団地造成に先立つ調査で見つかったものを合わせると、実に千五百軒以上に達している。

続いて、今から一八年ほど前、世良田駅の南側で工業団地造成に伴う調査が行われた。そこには、思わぬ発見が待っていた。水田の下から累々と連なる古墳が顔を出してきたからである。当時、尾島町教育委員会にいた須永光一さんや遺跡の調査を担当した三浦京子さんのお世話

世良田諏訪下３号墳全景
墳丘をぐるりとめぐる円筒列とその内側の人物・馬形埴輪群が右側に見える

になって、何度も現地を見学させてもらったが、訪問するたびに古墳の数が増えていくので、「いったい、どこまで続くのやら」と期待と不安が錯綜している様子がうかがわれた。

　最終的に見つかった古墳の総数は円墳六八基、帆立貝式古墳四基を合わせて七二基にのぼり、足の踏み場もないほどだった。調査前にはまったく予想だにしなかった、たいへんな大発見である。古墳の大半は五世紀後半に属し、埴輪を持つものが半数以上にのぼった。

　ところで、もともと、古墳を造ることができた人は、階層的に上位の人々、いわゆる支配者層に限られていた。ところが、この五世紀後半ごろを境に、古墳を造れる階層が大きく広がる。もちろん、それまで造れた支配者層より規模が小さく、直径が一〇～二〇メートルの円墳であり、墳丘も低かった。この低さが、後の時代に削られ、地表下にすっぽり埋もれてしまう結果につながった。

　社会を構成した大多数の一般成員が、古墳づくりのシステムの中に組み込まれるようになったわけである。そして、階層的な差は、墳丘の規模や埴輪の有無・質量の差、さらには副葬品の差で明確化したのである。

世良田諏訪下３号墳の人物埴輪
このように向かい合って配置されていた。右から二番目の男性は、右手に持った「四つ竹」を打ち鳴らしている。

34 川内天王塚古墳

■桐生市川内町三丁目堂谷戸甲一六

豪華な金銅装大刀

　足尾山塊から南へ流れ出てきた渡良瀬川は、旧大間々町のところから南東に折れて山沿いを桐生市街地の南方へと向かっている。その途中の左岸が、旧山田郡川内村（現桐生市川内町）に当たる。この地区は、縄文時代晩期の見事な土製耳飾りが出土したことで有名な千網谷戸《ちあみがいと》遺跡の所在地としてよく知られている。

　その遺跡の北東側に近接して川内天王塚古墳があった。古墳は昭和三十五年の発掘調査後に削平されてしまったので、今はない。調査の当時も屋並みの一画にかろうじて墳丘の一部を残していたために、工事の報を聞いて急きょ群馬大学で調査したものである。遺存していた墳丘の状況から直径二〇㍍弱の円墳が推測される。

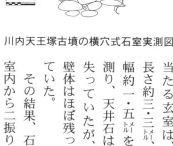

　そのかろうじて残っていた墳丘部分にうまいことかかって主体部の横穴式石室が発見された。外からの通路に当たる羨道部分はわずかであったが、埋葬部に当たる玄室は、長さ約三・三㍍、幅約一・五㍍を測り、天井石は失っていたが、壁体はほぼ残っていた。

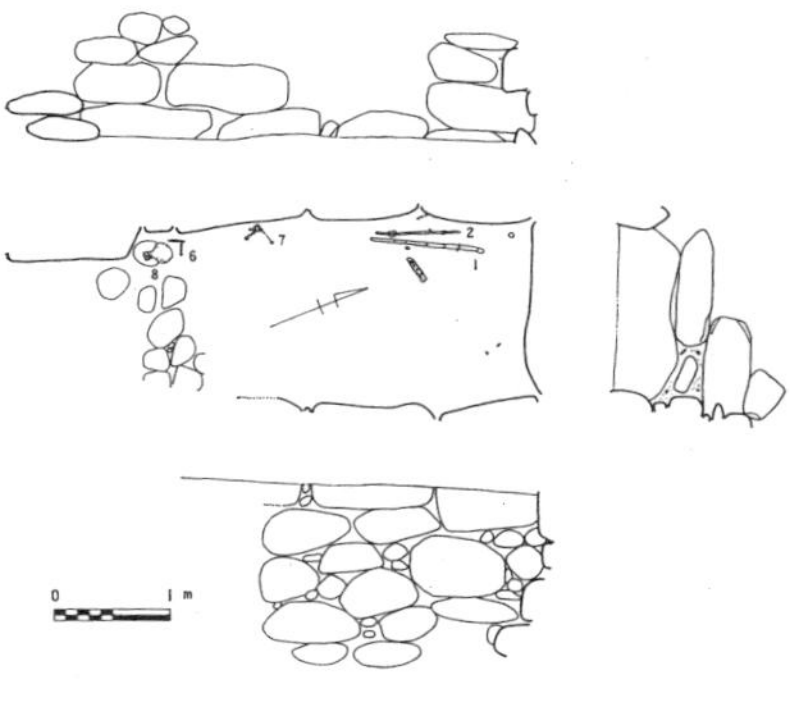

川内天王塚古墳の横穴式石室実測図

　その結果、石室内から二振りの大刀、鉄製馬具、須恵器提瓶《ていへい》（ひと昔前の水筒のような形をしている）などが発見された。

これらの中で特に注目されたのは、円頭大刀と呼ばれている立派なつくりの大刀である。現在は群馬大学から寄託されて県立歴史博物館に保管されている。非常に残りのよいもので、約一メートルの長さを有している。握り部分に当たる柄の先端が半円形を呈しているのが円頭の由来である。

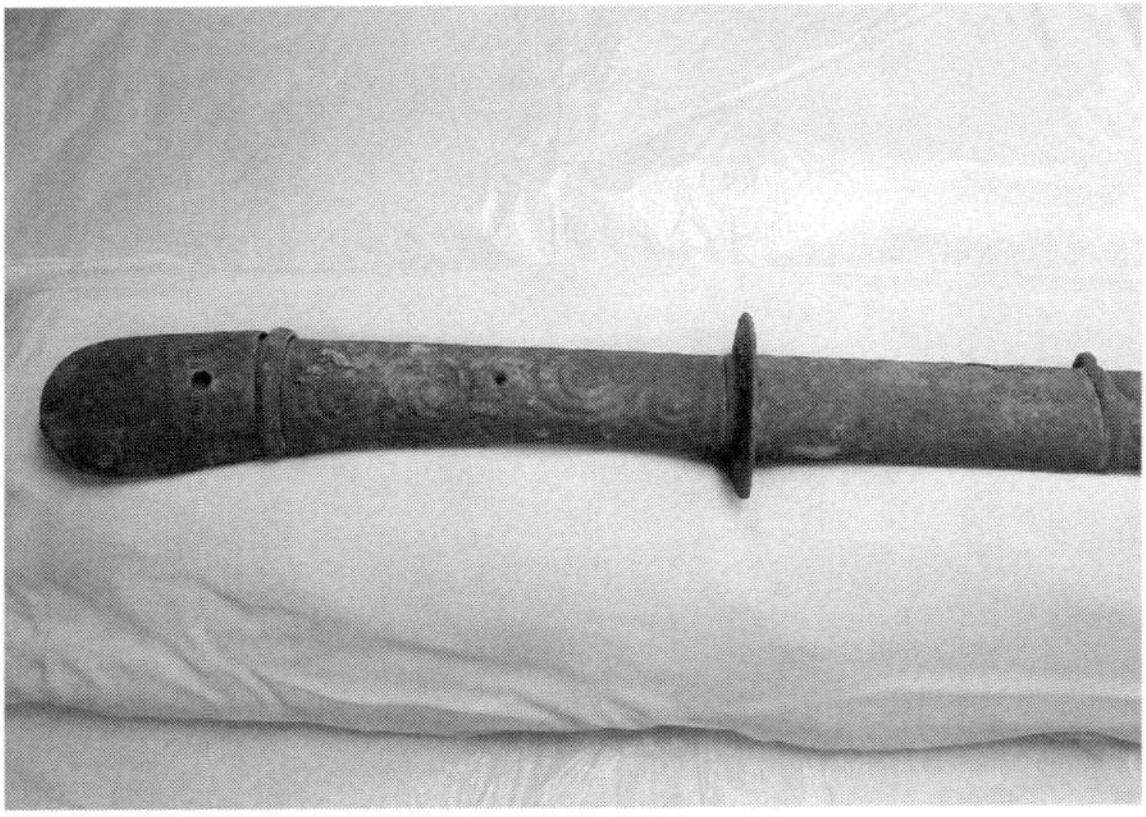

川内天王塚古墳出土金銅装円頭大刀

大刀の外装は全体が金銅板でおおわれたものである。現在は銅成分の錆のため緑色をおびているが、一部に垣間見える金色の輝きから、もともとは、まばゆいばかりの豪華なものであったことが推測される。その金銅装の細部を見てみると、柄の部分には渦巻き状の文様が打ち出されている。また、鞘《さや》の部分には小さい円文が二列連なっている。

このような大刀は、実用性よりも装飾性が重視されたものであり、これを保持したことが、一定の社会的地位にあったことをヤマト王権から公認された証しであったと考えられている。同様の金銅装大刀が、県内各地の同時期の有力古墳に伴っているからである。まもなく整えられていく律令体制に向けて地域の有力者が政権に直接組み込まれていく過程を物語る。

35

笠懸天神山古墳群

■みどり市笠懸町西鹿田一三九

一基の主体部を現地保存

みどり市の西部、旧赤堀町に近い西鹿田地区に独立丘陵の通称天神山がある。現在は、雑木林の中に遊歩道が整備され、心地よい散策場所となっている。その山裾に沿って昭和四十九年以降に何度か道路整備が行われた際に、当時の笠懸村教育委員会によって古墳の発掘調査が行われた。全部で五基の円墳が見つかり、天神山古墳群1〜5号墳と命名され、『笠懸村誌』に詳しい内容が記されている。

1号墳の主体部は、人体がちょうど納まる程度の規模の竪穴式石槨で、円筒埴輪列が確認された。埴輪の透かし孔に半円形をしたものがあり、ややずんぐりした形に特徴がある。五世紀末葉から六世紀前半の円筒埴輪の特徴である。2号墳は、同じく竪穴式石槨とされているが、残りがあまりよくないため、副葬品等は不明である。

通称「天神山」の独立丘陵
この裾に古墳群はある

調査以前に古墳の石槨から出土したと伝えられる須恵器、𤭯《はそう》がある。その写真・実測図を見ると、前二子古墳の𤭯によく似ており、六世紀初めのものである。言い伝え通り石槨に伴ったものとすると、主体部は竪穴式石槨ではなく、古い横穴式石室の可能性も考えられる。というのは、遺骸と共に須恵器を主体部の中に納める風習は、本県地域には横穴式石室と一緒に六世紀初めに入ってきたと考えられているからである。

４号墳は遺存状態が非常に悪かったため、詳しいことはほとんどわからない。横穴式石室の円墳の可能性が指摘されている。５号墳は最もよい状態で調査され、七世紀の横穴式石室の円墳である。

五基のうち３号墳が唯一現地に保存されている。写真のように、道路の脇に保存施設を造り、その中に主体部の竪穴式石槨が保存されている。石槨は道路に沿った南北方向に長軸を取っており、その東側壁を失っていた。中から三振りの鉄製直刀が出土している。

保存された天神山３号墳石室

ところで、私は、この石槨について気になるところがあったので、現地へ確認に出向いたことがある。それは実測図で石槨の短壁と長壁の接合部分を見てみると、北側では短壁の前面に長壁が接合しているのに対し、南側では短壁を挟み込むように両長壁があったからである。そのため、南側の短壁と考えたものは、細長い横穴式石室の埋葬部と羨道部を区切る仕切石ではないかと考えたのである。子細に見学し、横穴式石室でよいことを確信した。関係者の努力により残された古墳はささやかだが、実物が現地で今でも見られることの意義は非常に大きい。

36 長者塚古墳

■桐生市新里町関二二三

ムラのはるか上に築造

「群馬で一番高いところにある古墳は？」といっても、「高い」にはいろいろなニュアンスがある。一つは、古墳を造った人が住んでいた地域自体が山間部にあって、古墳の場所の標高が高い場合である。利根郡川場村の生品古墳群の付近の標高は四五〇メートル、東吾妻町岩下の机古墳の付近もやはり標高四五〇メートル。ただし、両古墳とも、これに対応するムラは、その近辺にあったので、住まいから離れた奥深く、高いところに古墳が造られたというわけではない。

長者塚古墳石室を南側から望む
手前が石室入口部、奥側に玄室奥壁が見える

もう一つの「高い」は、古墳を造った人々が生活している場所と比べて高いところという意味である。今回は、これを問題にしたい。桐生市新里町関にある長者塚古墳は、赤城山の中腹を東西に走る通称赤城南面道路の標高二七〇メートル前後の地点から、さらに北にぐっと上りあげた標高三五〇メートルのところに一基ポツンとある。

そこまでたどり着くだけでゼイゼイという感じである。直径が約二〇メートルの円墳で、見事な切石加工の横穴式石室が顔を出している。あまりに奥まったところにあるため、この古墳の存在を知っている人は、それほど多くない。七世紀後半の築造で、古墳としては、いちばん最後の段階に当たる。

この古墳を造った人たちの住んでいたムラは、まだ見つかっていない。かつて行われた遺跡の分布調査の成果を参考にすると、古墳と同じ時期の集落がしっかりあると考えられるのは、南面道路よりさらに南に下った標高二〇〇メートル前後の地点である。ムラのはるか背後の奥まったところにわざわざ墓地を設定した可能性がある。

このような墓地の選定の仕方は、最後の古墳の段階になって認められるものである。そういえば、高崎市の山ノ上古墳も、上信電鉄の西山名駅の付近から北の山の中にグッと分け入り、さらに百段近くある石段を上りあげたところにある。大和盆地の七世紀の古墳にも同じ例が多い。

この墓所選定の考えは、新たに中国の隋唐から入ってきたとされている。以前、陝西省西安を訪れた際、タクシーをチャーターして唐の皇帝陵昭陵の見学に行ったことがある。地図を見ながら凸凹道の山中を走ったが、行けども行けどもたどり着かない。運転手も愛車が傷むと不機嫌をあからさまにしている。ついにあきらめて引き返した。現地にはたどり着けなかったが、奥深いところにあるのは実によく体感できた。

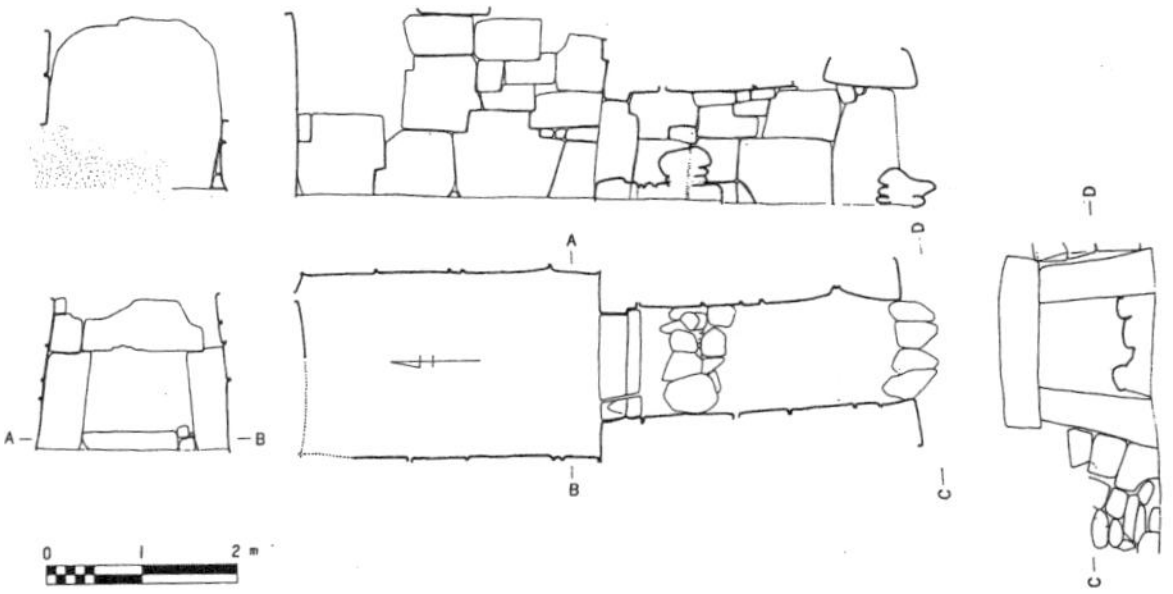

長者塚古墳横穴式石室実測図

学習の基本図書

ここでは、より詳しく知りたい人のために、書店等で入手可能、あるいは図書館などに常備されている可能性がある基本的な文献を紹介する。

『群馬県史』資料編 3 1981

『群馬県史』通史編 1 1990

『前橋市史』第 1 巻 1971

『太田市史』通史編 自然・原始・古代 1996

『館林市史』資料編 1 2011

『館林市史』通史編 1 2015

玉村町教育委員会『川井茂木古墳群』

前原豊『東国大豪族の威勢 大室古墳群』新泉社

右島和夫『東国古墳時代の研究』学生社 1994

右島和夫・若狭徹・内山敏行『古墳時代毛野の実像』雄山閣 2011

第2章 中毛地区の古墳

（伊勢崎市、佐波郡、前橋市）

37 下渕名塚越遺跡

■伊勢崎市境下淵名

畑の下から竪穴式小石槨

昭和五十二年、私は県教育委員会に職を得て、埋蔵文化財の調査に携わるようになった。群馬に就職したからには、ぜひ古墳の調査をしたいとひそかに願った。最初に配属されたのは、平野部を縦断する国道一七号バイパス（上武国道）建設に伴う調査。そこは、古墳時代から平安時代にかけての大集落遺跡で、来る日も来る日も竪穴住居の調査で、正直なところ「少々期待はずれ」。そのような中で一年が過ぎ、次の調査地点の境町下渕名塚越遺跡に移動した。

この遺跡は水田地帯に面する低台地にあり、低地寄りには相変わらず竪穴住居が密集していた。ただし、このころには集落跡調査にも関心が向き始め、意欲的に取り組むようになっていた。半年ほどして集落調査も終わり、徐々に台地の奥寄りに進んだ。すると竪穴住居に替わって黄色いローム面のなかに直径が二〇㍍前後のドーナツ状の黒い輪がいくつも並んで見つかってきた。まったく予測していなかった古墳の周堀ら

下渕名塚越遺跡の初期群集墳

しい。その数は一二基、すべて円墳である。心が逸るのを押し殺し、「人間、やっぱり無欲が大事！」とほくそ笑んだ。

下渕名古墳群の存在が、なぜ事前にわからなかったかというと、墳丘の起伏がほとんどなかったからである。後世の削平もあるが、もともと盛土が少なかったと考えられる。これらのうち、埋葬施設が見つかったのは、最も規模の小さい一基だけで、当時の地表面を掘り下げて成人一体ギリギリが入れるほどの竪穴式小石槨（小さい板石を組んで造った棺のような構造）だった。その他の古墳の場合は、墳丘上半部に石槨が造られていたため、盛土もろとも削平されてしまったのだろう。

古墳群が造られたのは、周堀を埋めている土層の中に六世紀初頭に噴火した榛名山火山灰層が確認できることから、五世紀後半と考えられた。埋葬施設が横穴式石室に替わる前の群集墳の姿であり、私たちは「初期群集墳」と呼称している。下渕名古墳群の発見と相前後して、県内各地で初期群集墳が次々と見つかるようになった。これから先、新たに知られるようになる初期群集墳はまだまだ尽きないことは十分予測される。

なお、私たちが一七号バイパス建設に先立って調査したのは、道路部分だけである。調査当時、プレハブ事務所の二階から雨上がりの古墳群を眺めていたら、隣接地の畑に周堀の痕跡を示す黒色土のドーナツ状の輪がいくつも見えた。

下渕名塚越10号墳の竪穴式小石槨

38 上渕名雙児山古墳

■伊勢崎市境上淵名九五七ー一

一大古墳群の盟主

この上渕名雙児山古墳は、群馬県の平野部の中央を占める伊勢崎市東部（旧東村・境町）から太田市西部（旧新田町・尾島町）にかけての一帯では、古墳時代後期に属する最大規模の前方後円墳であった。残念ながら、巨大な墳丘は明治年間以降削平が進み、群馬大学が昭和三十七年に調査したところには、かろうじて後円部の一部を残すのみとなり、現在は跡形もなく消滅してしまっている。

　場所は旧佐波郡境町上渕名で、県道前橋古河線を挟んで両側に分断されていた。そのすぐ北側は旧佐波郡東村下谷地区である。両地区の東側を北から南に早川が流れており、その右岸に沿って累々と古墳が所在していた。東村側は下谷古墳群、境町側は渕名古墳群と呼称されている。両古墳群は、古墳自体の分布状態からは区分することはできないので、元々は一つの古墳群として形成されたものである。昭和十年の分布調査では、両古墳群合わせて七三

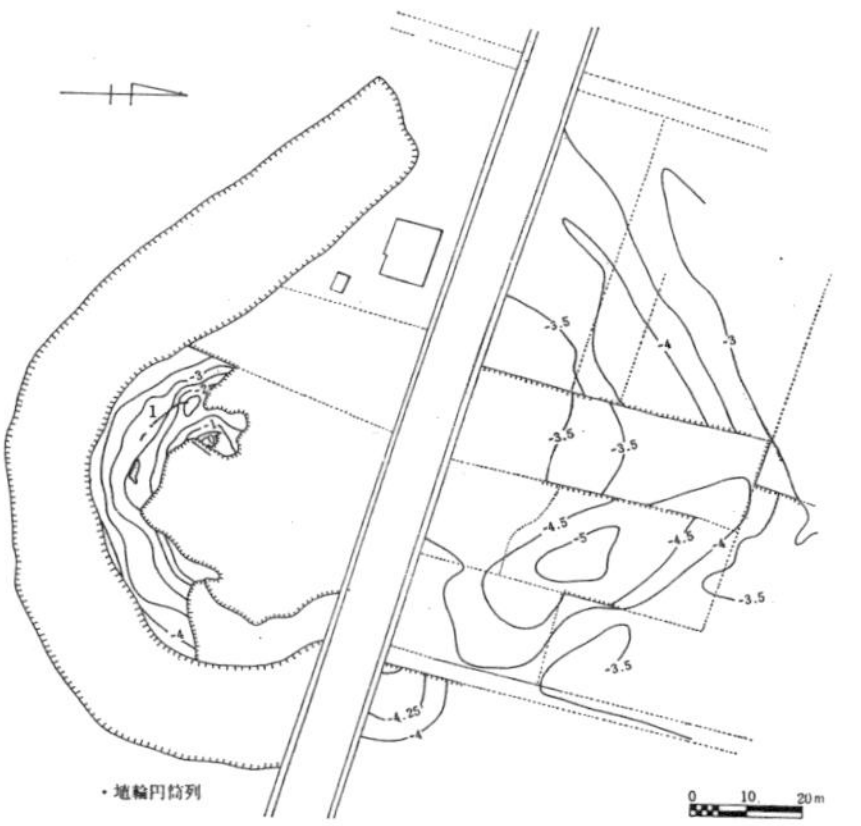

上渕名雙児山古墳墳丘測量図（昭和37年当時）

基（前方後円四、円墳六九基）が数え上げられている。この時点で確認できなかったものを含めると百基以上の大古墳群であった可能性が強い。

その一大古墳群の中の盟主的な位置を占めていたのが雙児山古墳と考えていいだろう。前述したように昭和三十年代後半までは、かろうじて古墳の残骸と言ってもよいほどに後円部の一部が残っていた。その部分もいよいよなくなろうとしていたため、昭和三十七年十一月に行われた最初で最後の発掘調査の成果は、『群馬県史』資料編3に山本良知氏によって詳しく報じられている。

上渕名雙児山古墳の円筒埴輪

墳丘が残存していたのは一部であったが、周壕の痕跡は全体を推測できるほどに明瞭に残っていたので、これを手がかりにして墳丘の規模を復元することができた。墳丘全長約九〇メートル、後円部径六〇メートル、前方部前幅八二メートルを有していた。おそらく一〇〇メートルに近い全長であったものと思われる。

石室は、調査に入った時点では間に合わなかったが、赤城山の輝石安山岩の巨石が使用された大型横穴式石室であったことが推測されている。円筒埴輪も確認されており、六世紀後半に属することがわかる。かえすがえすもこの大型前方後円墳を失ってしまったことは悔やまれるが、その一端を垣間見られる調査の成果は、極めて重要である。

39

阿弥陀古墳

■伊勢崎市南千木町二三〇二―一

丹念な墳丘づくりに感心

古墳を隅から隅まで徹底的に調査するのは、それが消滅の運命にある時に限られる。私たちが日ごろ目にする大古墳は、多くが国や県、あるいは市町村の指定を受けているので、将来にわたって保存されていくことになる。皮肉なことであるが、大古墳は分からないことだらけである。それに対して、小さい古墳は、数もたくさんあるという理由で、調査後に消滅し、その場所は別の目的に利用されるようになるケースが多い。それゆえ、詳細な調査データがたくさんあり、多くのことが分かってきている。大古墳はこれら小古墳の成果から類推する側面も非常に多い。しかし、最近では、その小古墳も随分数が減り、将来どれだけ生きた歴史をバトンタッチできるか心配になってきている。

空から見た阿弥陀古墳
上が北、左側に前方部があった

平成二十年十一月、伊勢崎市で前方後円墳を徹底的に調査する機会があった。市の南東部にある阿弥陀古墳である。この古墳は、長い間、大きい円墳と考えられてきた。その阿弥陀古墳が、地域一帯の区画整理で、削平せざるを得なくなった。関係者で協議し、月日をかけて徹底的に調査することになった。調査は五カ月に及んだ。

その結果、実は、もともと全長が約五〇メートルの六世紀後半の前方後円墳で、榛名山噴火の角閃石安山岩の加工石材を使用した横穴式石室が伴っていた。地域の人々の記憶にもない時代に前方部が削平されてしまったのだ。主体部の横穴式石室がある後円部が残っていたのは幸いであった。石室内からは、銅製三累環頭大刀、須恵器、各種玉類等が出土している。三累環頭大刀は綿貫観音山古墳からも似たものが出土しており、その淵源は、朝鮮半島の新羅にある。

墳丘については、秋から冬にかけての期間、舐めるように丁寧に調査をした結果、前方後円墳について多くのことが分かってきた。中でも、私たちが目を見張ったのは、極めて丹念な墳丘の築成方法である。掲載した写真は、墳丘を断ち割った土層断面である。黒い土と白っぽい土が交互の縞状になっている。古墳の周辺一帯は、古い時代に利根川が流れたところで、地表から一メートルほど下げると砂の層になる。古墳の墳丘は、周囲を掘り下げて壕をつくり、その際に生み出される土を盛り上げて築くので、その土に砂が多いということは、単純に積み上げたのではすぐに崩れてしまう。そこで本墳では、一〇センチくらいの厚さを単位に突き固めることを何百回も繰り返して築いているのである。脆弱な砂の層を黒色土の層で挟んで丈夫にする工夫をしているのがわかる。古墳づくりに従事した人々の丁寧な仕事ぶりが、その息づかいとともに伝わってきた。

阿弥陀古墳の墳丘断面
非常に丹念に積み上げられているのがわかる

40

権現山2号墳

■伊勢崎市豊城町一九八八

「東枕に埋葬」で工夫

私たちは子どものころから、親に北枕は縁起が悪いと口うるさく教えられてきた。亡くなった人を安置するときは必ず北枕にするからである。この考え方は、もともとは中国の考え方であり、古墳時代のはじめ（三世紀中ごろ）に日本列島に入ってきたとされている。ただし、日本中が一気に北枕に変わったわけではない。

上毛野地域では、古墳時代は長く東枕にする習慣だったと考えられる。当地域の古墳が、一貫して東枕で安置されてきているのが一般的だからである。これに対して古墳時代の中心地の近畿地方は、そのはじめから北枕である。大王を葬るのに、最先端の中国の葬法を積極的に取り入れたのかもしれない。

上毛野の人たちは、墳丘の形、つくり方、埋葬施設の構造などあらかたを近畿の人から学んでつくっているのだが、東枕だけはこだわり続けた。人の死にかかわる自分たちの長く根強い根本的な風習なので、「はいそうですか」とはいかなかったのだろう。

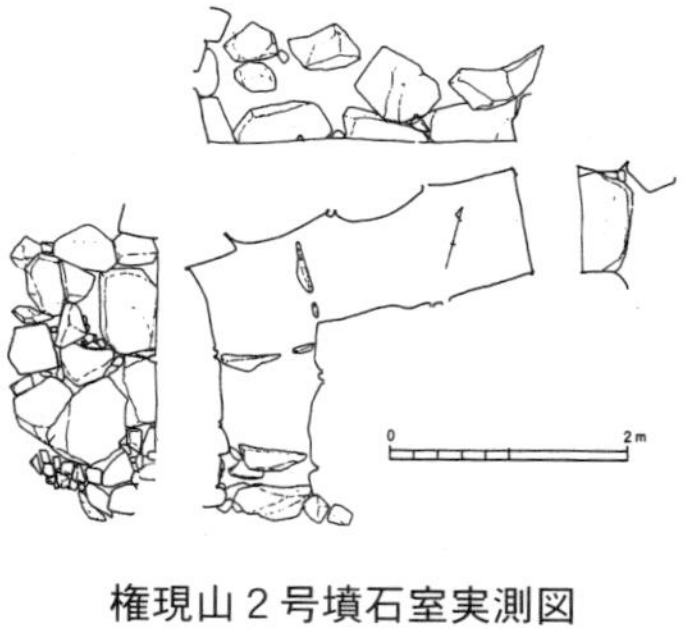

権現山２号墳石室実測図

豊城町の蓮神社の丘（権現山と呼ばれている）のすそにある権現山2号墳は、横穴式石室を主体部とする直径一〇㍍ほどの小型円墳で、六世紀前半に造られた。上毛野地域にある横穴式石室の中では古い方の部類だ。この石室は随分と珍しい形をしていた。掲載した石室平面図の間取りにしたがって話を進めよう。

普通の石室は、入口が南にあり、そこからしばらくまでを羨道と呼ぶ。その奥にある玄室（埋葬部）までの通路に当たる。埋葬後はここに石がびっしり詰められて外界から遮蔽することになる。本石室の場合も入口は、約束通り確かに南に開いている。しかし、羨道の先にあるべき玄室がLの字形に約九〇度東に折れ曲がってつくられていたのだ。

上毛野には、何千基もの横穴式石室があるが、こんな奇妙な形の石室は一般的ではない。私も調査に参加したころは、駆け出しの大学二年生だったので、「どうして、こんな変な形の石室にしたのだろう」と首をかしげるばかりだった。その後、たくさんの横穴式石室を調査する機会が増え、ある日「そうか、亡くなった家族を東枕に葬りたいためのアイデアだったのだ」と合点した。そのことに気づくと、権現山古墳とは異なるが、他の古墳でも東枕に埋葬するためにいろいろ工夫しているのがみえてきた。しかしそれも、七世紀後半になると、一斉に北枕になる。葬りかたも中央の近畿と同じにせよという厳しいお達しが朝廷から下された可能性があるかもしれない。

なお、本墳は調査後削平して市道を整備する予定であったが、その重要性を考慮して計画変更され、保存されたのは喜ばしいことであった。

現在の権現山２号墳を南から望む
保存のため、古墳をよけて市道を整備した

41 本関町古墳群

■伊勢崎市本関町

遺体を守る？「赤玉」出土

伊勢崎市の北部、北関東自動車道と上武国道が交差する付近で、北から南に流れる粕川の東岸に沿って前方後円墳三基を含む五六基の古墳からなる本関町古墳群がある。現在は、大間々へと向かう国道四六二号の西側に六世紀後半の前方後円墳一ノ関古墳が保存整備され、わずかに往時の姿をとどめているのみである。

ここで問題にするC区2号墳は、平成十五（二〇〇三）年に国道四六二号の拡幅工事に伴って調査された。六世紀前半の直径九メートルの円墳で、古墳としては最も小さい部類に属する。埋葬施設は成人が入るギリギリの大きさの竪穴式石槨と呼ばれるもので、最も簡易な埋葬施設である。埴輪は伴わず、副葬品もまったくないことから、古墳に葬られる人の中では、最下位の階層に属する人だったと考えられる。

そんな一見なんの変哲もない古墳なのに、全国を見渡した時、ほかに例を見ない珍しい遺物が出土して話題になった。それは、石槨の周りを取り囲むように出土したテニスボール大（径六・五～七センチ）の赤い土の玉で、二五個以上確認された。置かれた当時は鮮やかな赤色だったわけで、真っ赤な泥団子が遺体の周りをグルッと取り巻いていた

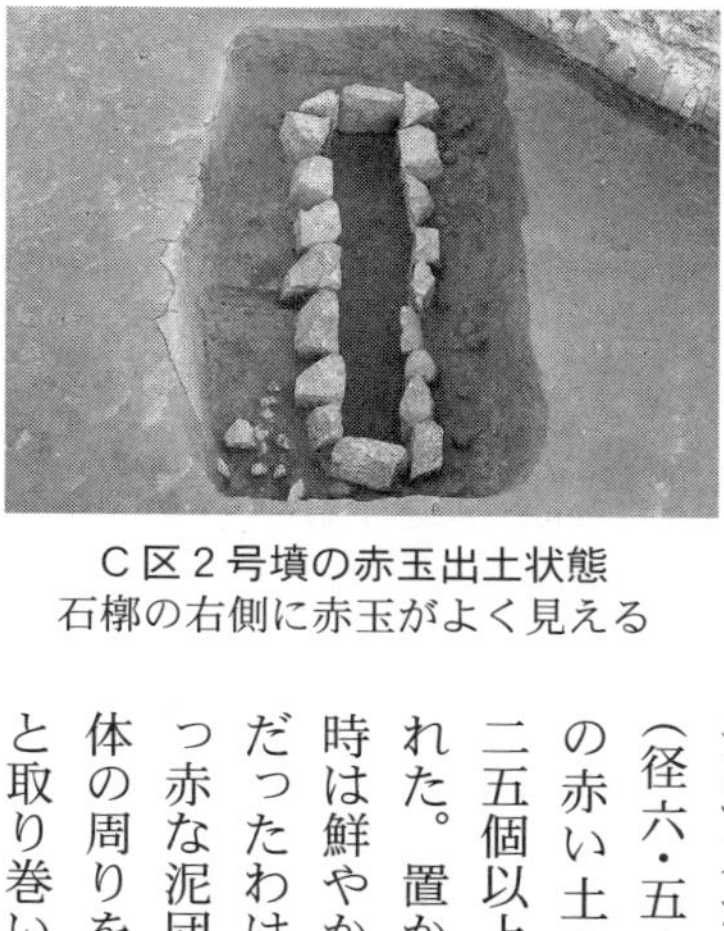

C区2号墳の赤玉出土状態
石槨の右側に赤玉がよく見える

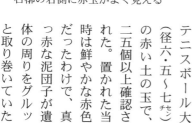

ことになる。全国でも初めてなので、名前も付けられていない。そこで調査後、担当の坂口一さんと相談して、見たまま通りの「赤玉」という名称にしようということになった。

　それでは、この赤玉、何のために置かれたのだろう。見つかった当時、調査担当者の大沢務さんがこの資料を持って県埋蔵文化財調査事業団本部にやってきて、「これなんでしょう?」と問うが、みんなで取り囲んで「ふーむ、ふむ?」と腕組みをして、くびをかしげるばかりだった。

　その後、しばらくたって、坂口さんと関係資料を探しながら、検討しているうちに、少しずつ解決の糸口が見えてきた。まず、赤玉は遺体の頭の周囲を中心に取り巻いていること。また、赤い色は、古くから遺体を腐朽させず、外敵から守ると信じられてきたこと。さらに、赤玉は鉄分（酸化第二鉄）を多く含む粘土質の土を丸めただけのものであること。

C区2号墳出土赤玉

　一方、橿原考古学研究所の吉村和昭さんから、宮崎県の古墳から、おせんべい形の「朱玉」と呼ばれている資料が存在し、同じような出方をしていることを教えてもらった。

　C区2号墳の関係者が、亡くなった被葬者が今の姿を末永くとどめることを願って置いたことは間違いなさそうだ。ただし、なぜ赤い土の玉だったのかに対する〝決定打〟は、まだ見つかっていない。現在は、赤色顔料の流通形態で、被葬者はその生産にたずさわっていた可能性を考えている。

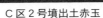

42 赤堀茶臼山古墳①

■伊勢崎市赤堀今井町二―甲九九五―一

「住居跡から埴輪」の謎

掲載した写真は、伊勢崎市北部の堀下町にある釜ノ口遺跡の調査で、五世紀前半の竪穴住居跡から見つかった家形埴輪である。これ以外にも、いくつかの埴輪が見つかっており、また火災に遭った住居らしく、多量の焼土と炭化材が確認されている。

普通は、埴輪が住居跡から出土することなどめったにない。今まで経験した中では、平安時代の住居跡のカマドの構造材に転用して使われていたのを同市下渕名塚越遺跡で調査したことがある。この場合は、住居の住人が、近くの古墳に樹立されていた埴輪を抜き取ってきて、カマド材に転用した可能性が考えられる。

ところが、釜ノ口遺跡の家形埴輪は、住居の片隅に置かれていたような状態で出土した。調査を担当した同市教育委員会の川道亨さんは、調査報告書作成の資料整理を進めていく中で、この埴輪が、よく目にする古墳出土のものと様子が違うことに注目した。これが生焼けのような状態だったからである。このことと、焼失住居であったことを合わせると、生焼けは家が火事に遭った際に火をかぶった結果と推測された。火事に遭わなければ、住居内に粘土から家形につくり上げた状態で

釜ノ口遺跡３号住居跡出土家形埴輪

仮置きされていた埴輪だったということになる。この住居跡は、埴輪づくりの専門工人の工房だったわけである。

調査後、出土した破片を接合して、写真のような家形埴輪に復元されたのを見て、川道さんは同じ形のものをどこかで見たことがあると、ふと思った。思い当たった古墳の調査報告書『上野国赤堀村今井茶臼山古墳』を開いてみてびっくりした。茶臼山古墳から見つかった家形埴輪とうり二つだったからである。

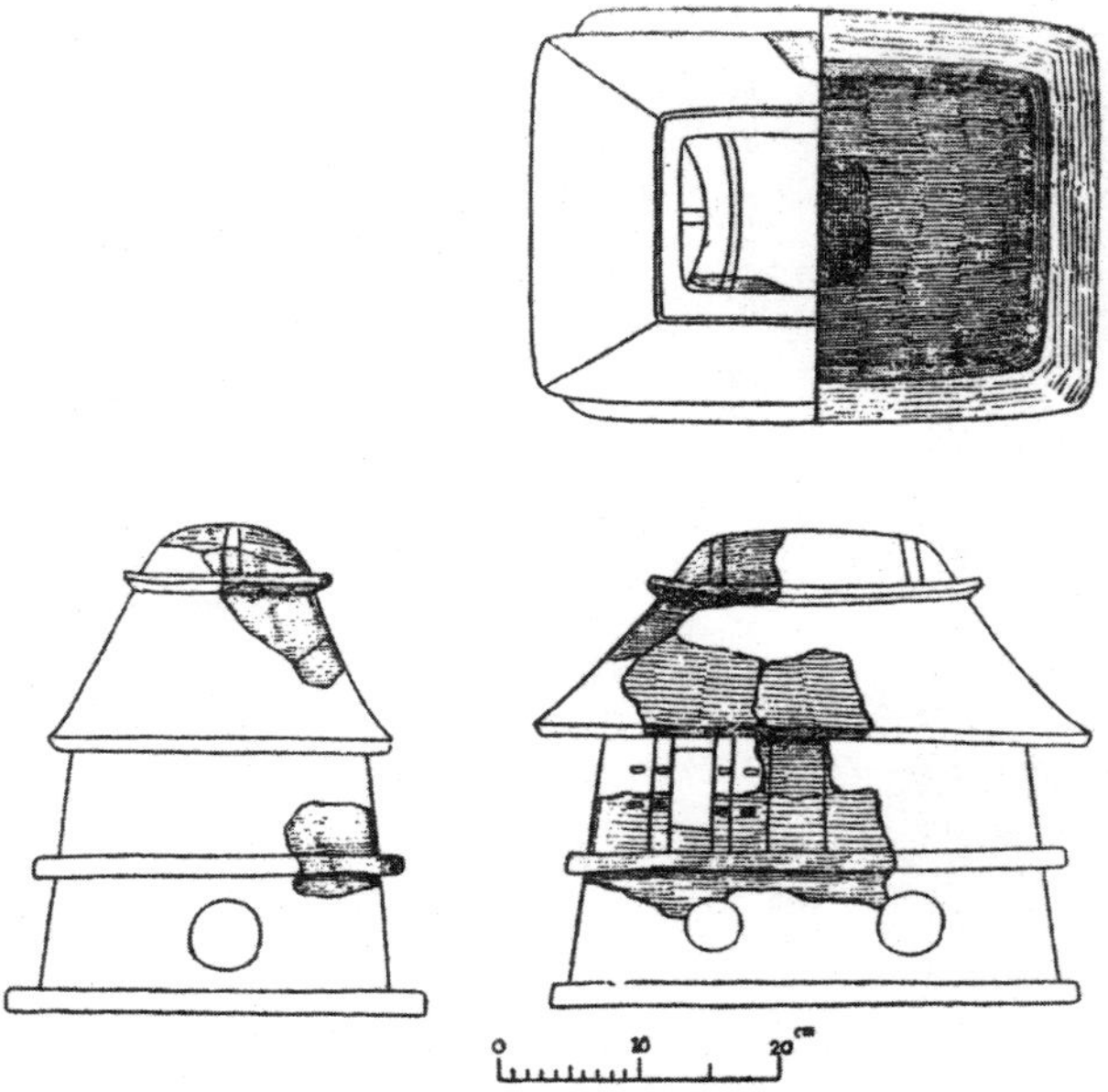

赤堀茶臼山古墳出土家形埴輪実測図

しばらくたってから、川道さんが東京国立博物館にある当の家形埴輪と実際に照合する調査を行ったところ、細部にいたるまで酷似していることが確認された。釜ノ口遺跡の竪穴住居は、赤堀茶臼山古墳の埴輪を製作した工人集落だったわけである。住居が火災に遭ってしまったので、その後、再度同じものを製作し、窯で焼いたのが東京国立博物館にある茶臼山古墳の家形埴輪だったわけである。

43

赤堀茶臼山古墳②

八〇年前に科学的調査

先に伊勢崎市釜ノ口遺跡から出土した家形埴輪が、赤堀茶臼山古墳に樹立される予定だったことを紹介した。ここでは当の茶臼山古墳を取り上げることにする。

写真は、私の手元にある『上野国佐波郡赤堀村今井茶臼山古墳』と題する大冊の調査報告書である。先年、先輩の考古学者の方から頂戴したもので、貴重な蔵書の一冊となっている。

昭和四（一九二九）年に実施された発掘調査を受けて、その成果が、調査を担当した帝室博物館（現在の東京国立博物館）の後藤守一氏によって早くも昭和八年に結実したもので、日本の古墳研究史上でも重要な位置を占めるものである。

帝室博物館発行の赤堀茶臼山古墳調査報告書

昭和四年は、群馬県の古墳研究の上でも極めて重要な年である。高崎市（旧群馬町）保渡田八幡塚古墳が、福島武雄・岩沢正作氏らによって調査されたのもこの年であった。それ以前に調査された古墳もいくつかあったが、計画的に、しかも科学的に行われたものとしては、この二つの古墳の調査が嚆矢だったからである。

しかも、八十年以上たった現在の学問的水準に照らしても、何ら遜色のない調査と立派な報告書『群馬県史跡名勝天然記念物調査報告書2』として群馬県から刊行されている。

　茶臼山古墳の調査は、十二月十九日から二十八日までの十日間実施されている。当時の調査としては異例の長期間にわたるものである。このころの通有の調査は、古墳の主体部を探し当て、その副葬品を取り上げる程度のものだったので、調査期間もさほど必要ではなかった。これに対して、茶臼山古墳の場合は、墳丘の全貌に近い姿を掘り出しており、主体部の調査も念入りだったため、当時の一般的調査より大幅に期間が必要となった。

後藤守一氏の家形埴輪配置復元案

　報告書をひも解くと、実際の掘削には、地元の青年団が当たったことがわかる。正味の掘削に費やされたのは五日間ほどだったわけだから、墳丘長五〇㍍以上の前方後円墳を厚く覆っていた土の除去を考えると、当時の青年の屈強な体力には舌を巻いてしまう。しかも、日が短い年の瀬の寒風吹き寄せる中だっただけに、なおさらである。

　調査の最大の成果は、墳頂部からの家形埴輪群の検出である。報告書の中で後藤守一氏は、主屋と副屋と考えられた切妻造家三、切妻造倉庫三、四柱造倉庫一、納屋一の八棟について、種類と出土位置関係をもとにして、当時の豪族の屋敷（豪族居館）を想定した。

赤堀茶臼山古墳③

前方部が小さい「帆立貝式」

最後に茶臼山古墳の実際の現地を訪ねてみることにしたい。実を言うと、古墳までたどり着くには、少々苦労することをあらかじめ覚悟しておく必要がある。

本墳の所在地は、既述の通り伊勢崎市赤堀今井町である。旧赤堀町の中では最も北寄りで、北側には旧粕川村深津地区（現前橋市粕川町）、西側には前橋市西大室町が隣接する。両市の東西の市境には、北から南に延びる多田山丘陵があり、その頂上部に古墳は位置している。

私は、丘陵の東側の赤堀側から入って行った。ただし、古墳のすぐ東側は急斜面のため、一端北側の深津地区までのぼりあげ、そこから尾根伝いに畑道を南へ古墳を探しながら下ってきた。尾根の上の狭い道は入り組んでいて、何度か行き止まりになっては引き返し、ようやく茶臼山古墳の看板の矢印を見つけた。

赤堀茶臼山古墳の墳丘を南西側から望む
手前が前方部で、右奥側が後円部

この時は、愛車の4WDを駆っての古墳行だったが、徒歩での訪問（普通乗用車の場合でも、麓に置いていくことを勧める）の際には、二万五千分の一の地図に古墳の位置をマークしてからそれを持参して行くのがいいだろう。もっとも、このような行為は、考古学のフィールドワークの基本である。なお、前橋側から見ると、大室古墳群の真東に当たるので、大室公園の駐車場に車を置き、古墳群を一巡りしてから丘陵を目指すのも一案である。大室古墳群と至近の位置関係は、両者が時期的には二世代ほどあくが、系譜的にはつながっている可能性がある。

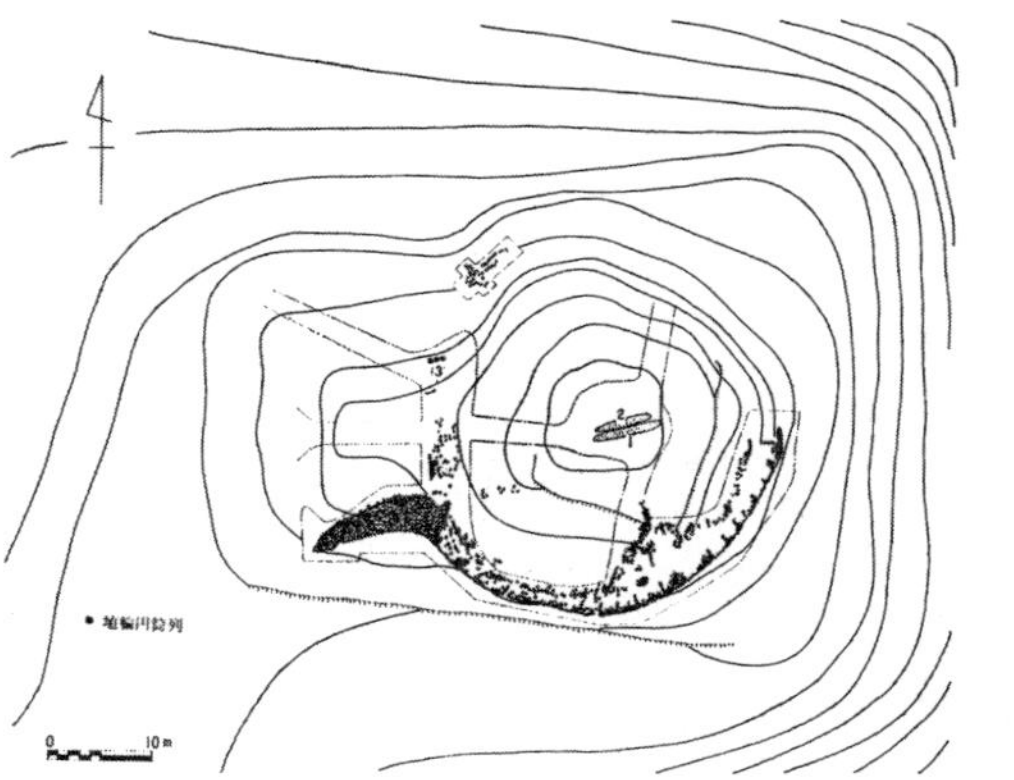

昭和４年発掘時の墳丘調査測量図
主軸を東西とする墳丘の南側部分を発掘した。
細かい点は葺石

古墳の現状は鬱蒼とした雑木とつる草に覆われているので、標識と説明板がなければ、見落としかねない。しばらくのぞき込んで確かに古墳であることがわかってくると、大室古墳群で見慣れた前方後円墳とくらべると、後円部に対して前方部が寸詰まりの感じがする。このような前方部が未発達の前方後円墳を「帆立貝式古墳」と呼んで、両丘が伯仲する普通の前方後円墳とは区別している。階層的には、前方後円墳と大型の円墳の中間に位置するものと考えたらいいと思う。

茶臼山古墳の後円部頂上からは、八棟の家形埴輪群が出土した。それらは、主屋、副屋、倉庫等から構成される豪壮なもので、この時代の豪族の屋敷（豪族居館）を表している可能性が指摘されている。帆立貝式古墳の中では、前方後円墳にこよなく近い地位にあったと考えてよさそうである。

45

地蔵山古墳群①

■伊勢崎市五目牛町

密集状態物語る「堀のゆがみ」

伊勢崎市街地の北方、旧赤堀町五目牛の「地蔵山」と呼ばれる独立丘陵の南斜面を利用して中・小型古墳が累々と築かれていた。現在は、古墳群の形成初期に属する五世紀前半の蕨手塚古墳、達磨山古墳等の大型円墳をはじめとする数基がかろうじて残されており、かすかに古墳群の面影をとどめている。

昭和五十二年から五十四年にかけて、当時の赤堀村教育委員会が、松村一昭さんを担当者として長期間にわたる発掘調査を実施している。調査は古墳群の大半に及ぶもので、大小の円墳を中心に、実に四三基に及び、全国的にも注目される大きな成果を上げている。

私は、調査期間中に何度となくおじゃまさせていただき、松村さんの懇切な説明を受けながらつぶさに見学することができた。

地蔵山古墳群を南西から望む
手前左が保存された赤堀村７号墳、右が達磨山古墳。２基に挟まれた間の斜面上にたくさんの円墳があり、調査された

見学の中でまず圧倒されたのは、立錐の余地がないほどに林立する古墳の様子である。「額と額を寄せ合うように」とは、まさにこのことであろう。隣り合う古墳同士を見る

と、後から造られた古墳が、前からあった古墳と重ならないように配慮している。なぜわかるかというと、重なりそうな部分で、前からあった古墳の堀はきれいな円形にめぐるのに対して、後から造られた古墳の堀は、それを避けたため、ゆがんでいるからである。このことは、それほどまでにしても密集して古墳を造る必要があったことを私たちに教えてくれる。

　私の手元に、松村さんが作成した二冊の大部の発掘調査報告書『赤堀村地蔵山の古墳』がある。何度も何度も読み返しているので、本はもうボロボロである。この本の中に、足かけ三年に及ぶ大調査が凝縮されているわけであるから、その重要性は計り知れない。

　調査された四三基は、地蔵山古墳群のすべてではない。低墳丘のために、まだ地下に埋もれているものもあるし、また調査以前に削平されてしまったことがわかっているものもある。おそらく、本来は六〇基以上に及ぶものであったものと推測される。

　ところで、地蔵山古墳群から浅い低地部分を挟んだすぐ西側の微高地には、蟹沼東古墳群という、やはり中小の円墳からなる大古墳群があり、そのうちの六九基を伊勢崎市教育委員会が中沢貞治さんを中心に調査している。現在、その場所に「伊勢崎聖苑」が所在している。一方、地蔵山古墳群のすぐ東側を流れる粕川の対岸に沿っては、七〇基以上の本関町古墳群がある。地蔵山古墳群の周辺一帯は、「古墳銀座」だったわけである。

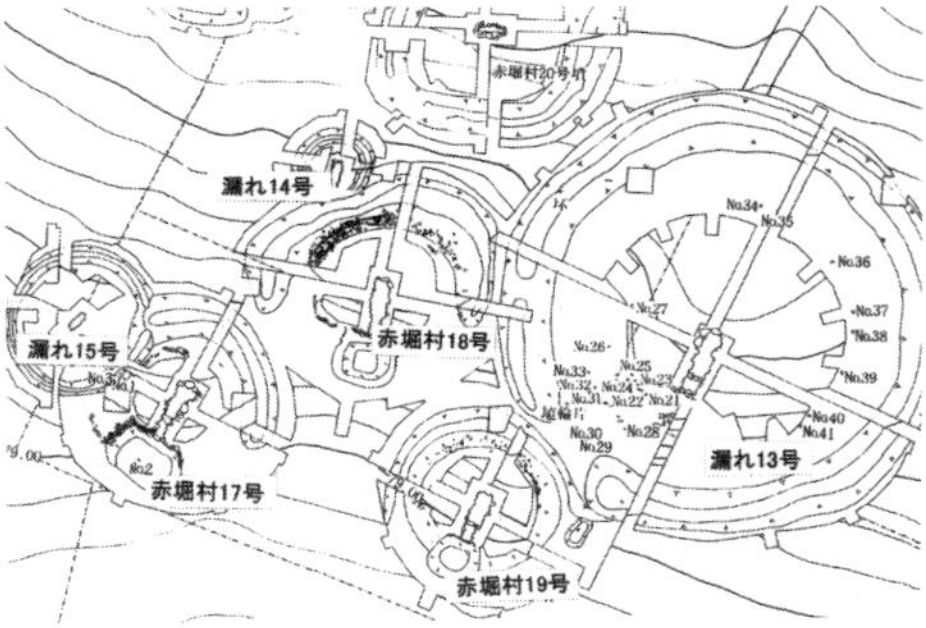

密集して検出された古墳群の一部
堀の重なり具合から新旧関係がわかる

46 地蔵山古墳群②

世帯に対応の群集墳

地蔵山古墳群のように限られた場所に、中小の古墳が密集して造られた古墳群を特に群集墳と呼称している。当時のムラに対応した集団墓地（複数のムラに対応する場合もある）と考えてよい。

前項で紹介したように、群全体は六〇基近くからなるが、そのうちの四三基が発掘調査された。これらの古墳は、一時期に一斉に造られたものではない。五世紀後半から七世紀にかけての間に造られ続け、その集積結果が群集墳として私たちの眼前に現れたわけである。

これほどの長期間に及ぶわけだから、同じスタイルで造られ続けていない。古墳の特徴から、①五世紀後半から六世紀前半、②六世紀中ごろから六世紀末、③七世紀、の大きく三つの時期に分けられる。

それぞれの特徴を整理すると、①埋葬施設は、人体がちょうど入る大きさの竪穴式石槨で、単独埋葬である。墳丘規模の大きい古墳には埴輪が伴う。②埋葬施設は横穴式石室に替わり、最初に家長が埋葬された後、同じ石室に近親者が

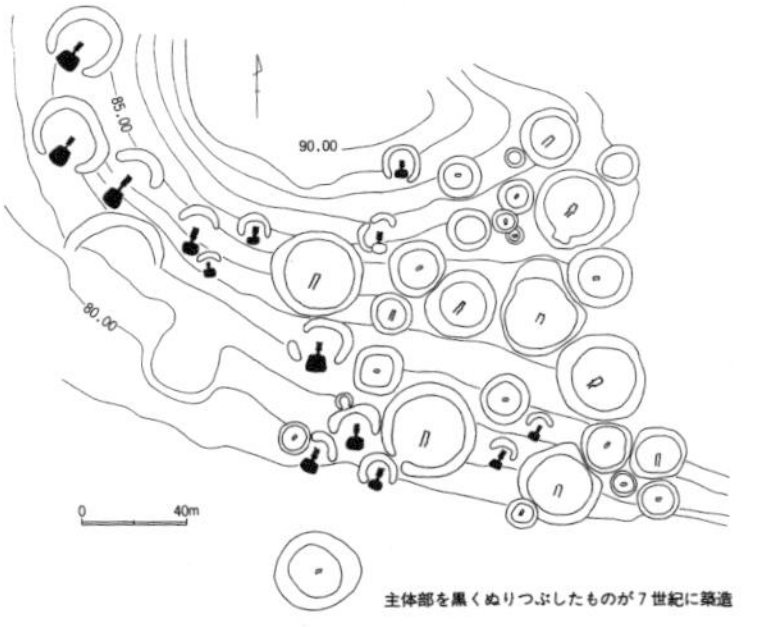

地蔵山古墳群全体図
黒の塗りつぶしが７世紀、それ以外は５世紀後半～６世紀。墓域を東から西に移動しているのがわかる

追葬される。ほとんどの古墳に埴輪が伴う。

③主体部は、引き続き横穴式石室だが、埴輪を伴わなくなる。石室の入口前には、墓前祭祀《さいし》が行われたと推測される「前庭」と呼ばれる石組みでつくられた平面台形の空間が施設されるようになる。

このように時期ごとの特徴がはっきりしているため、墓域全体の中で、いつのものがどこに造られたのかがはっきりわかる。すなわち、①と②は、墓域の東側にまとまっているのに対し、③は西側にまとまっている。このように、群集墳の中で、時期ごとに一場所にまとまるのは、上毛野地域の他の群集墳でもよく認められる。

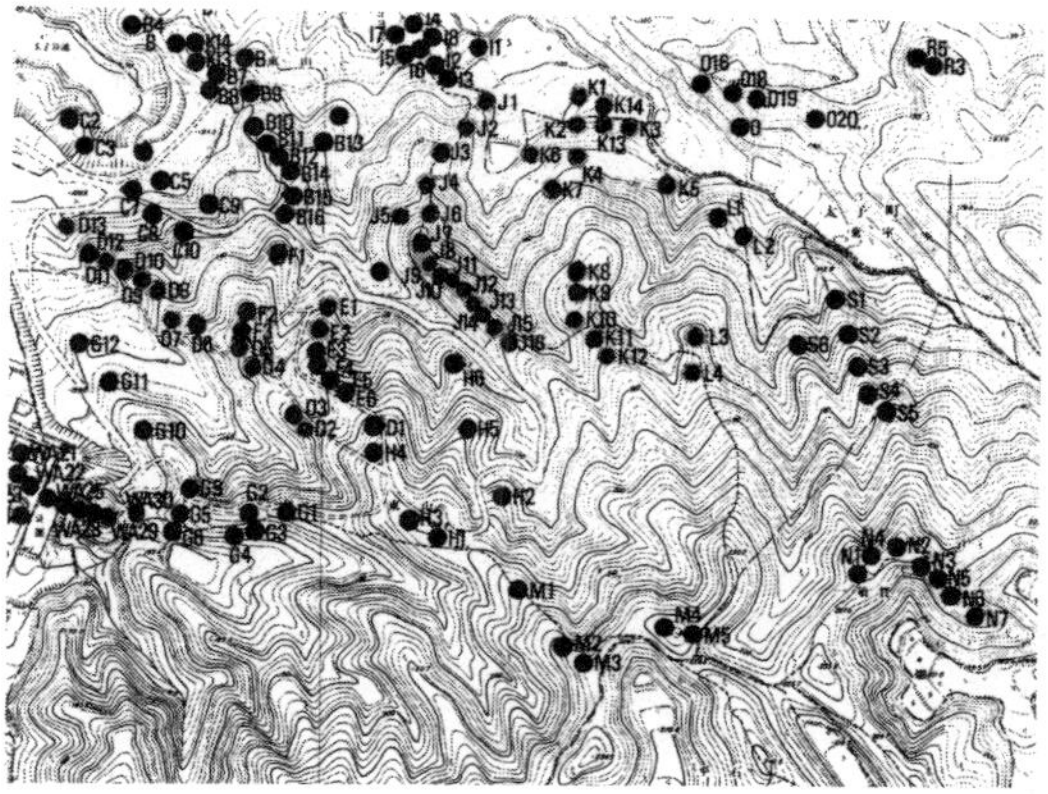

畿内の群集墳の事例大阪府河南町
一須賀古墳群の古墳分布の様子
尾根上に列をなすように形成されている

ところで、近畿地方の群集墳を見てみると、地蔵山古墳群とは異なる原理で形成されている。すなわち、一カ所に古い古墳から新しい古墳へと一基ずつが順次造られて一グループをなし、そういったグループがいくつもあって全体の群集墳になっている。

群集墳を構成する一つ一つの古墳は、当時の世帯に対応するものであったと考えられている。この両地域の群構成の違いから、地蔵山古墳群の場合は、各世帯（一つ一つの古墳）のムラに対する帰属度の強さを物語り、逆に近畿のものは、ムラからの世帯の独立性のきざしが現れていることを示唆している。

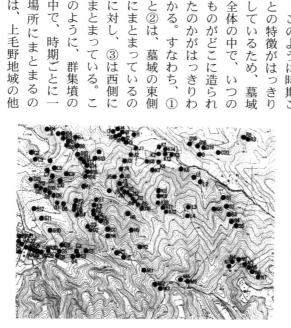

47

多田山12号墳

■伊勢崎市赤堀今井町

唐三彩陶枕が出土

一九九九年四月のある日の夕方、旧赤堀町今井（現伊勢崎市）で古墳群の調査をしていた深澤敦仁さんが、県埋蔵文化財調査事業団の本部に血相を変えて飛んできた。調査中の多田山12号墳から三彩と思われる破片が出土し、その当の破片を携えてやってきたのだ。

破片は何片かあり、七世紀の横穴式石室の入り口前からバラバラと出てきたという。その破片をながめてみて、確かに緑・黄・赤の三色があり、吸い込まれそうになる美しい輝きを放っている。この色の鮮やかさは日本製の奈良三彩（正倉院三彩とも言う）ではなく、中国製の唐三彩に違いないのではと一堂納得するのだった。

ということになると、大変なことになる。日本の古墳で唐三彩が出土した例をほとんど知らないからである。大和朝廷のおひざ元の奈良県でも、唐三彩の出土は、極めて数が限られている。それが都から遠く離れた上毛野国の一古墳からとなると、「いったい、どうして？」と考えるのが素直な疑問である。

その後、深澤さんた

多田山 12 号墳出土唐三彩陶枕
6 面のすべてに三彩が施されている

ちの丹念な調査により、さらに破片がいくつも見つかり、それらを接合すると、写真にみるような箱形の器物になることが分かった。長さ一一センチ、高さ五センチほどの小さな箱形のもので、これまでの研究では陶枕《とうちん》（陶器製の枕）とされているものに当たる。枕にしては小さすぎるので、違う用途の可能性も考えられている。

この唐三彩陶枕が出土した多田山12号墳は、古墳としては最後の部類に属するもので、加工した石材を使用した横穴式石室を主体部としていた。この時期の古墳としては、上位の階層のものであるが、ことさらに飛び抜けたものでもない。

多田山 12 号墳石室を上方から望む
天井石を失っている。陶枕は写真右側の前庭から出土

調査が終わってから深澤さんと冗談まじりに次のような話をしたことがある。

古墳が造られたころに、佐位郡の地元豪族から天皇のもとに差し出された采女《うねめ》（天皇のもとで直接仕える地方豪族の容麗な娘）に檜隈君老刀自《ひのくまのきみおゆとじ》という女性がおり、たいそう天皇に気に入られたらしく、大出世して故郷に帰還したことが、奈良時代の歴史書『続日本紀』に記されている。老刀自は絶世の美人だったのだろう。上野国に帰る時、おみやげとしてこの唐三彩を持たせてもらったのだろうか。

48

お富士山古墳

■伊勢崎市安堀町七九九

近畿の工人が石棺制作

伊勢崎駅から高崎方面へ向かう上りの両毛線に乗り、市街地を抜けてしばらく走る。右手（北側）の車窓には、辺り一面の田園地帯が広がり、その先に赤城山の雄姿が見える。突然、その景色をさえぎるような大きな丘を通り抜ける。これが前方後円墳のお富士山古墳である。

おそらく、明治年間の同路線の建設に際して墳丘の一部が削平されてしまったものと思われる。今は、線路の北側に前方部の隅が一部欠けてしまった墳丘が残っているが、以前は、線路の南側にも分断された前方部の片割れが残っていた。

お富士山古墳を南東側から望む
右奥が後円部、左が前方部

古墳の位置から周りを見てみると、その南側を広瀬川が流れており、その先には伊勢崎オートレース場と人々でにぎわう数多くの郊外店の屋並みが広がっている。自家用車等で古墳を訪ねる場合には、オートレース場の東側を北に抜けていく伊勢崎市の環状線道路で広瀬川を渡ったすぐ左手に墳丘が望めることになる。

お富士山古墳は、墳丘長が一二五㍍の大型前方後円墳である。造られたのは、ちょうど東日本最大の太田天神山古墳と同時期に当たる五世紀前半である。同時期の上毛野地域全体を見渡したとき、天神山古墳の次の規模を有しているのが本墳ということになる。その場合、次位とは言いつつ、天神山との差が非常に大きい点は注意しておく必要がある。

　本書の太田天神山古墳の項で、お富士山古墳の長持形石棺を紹介した。長持形石棺の残片が見つかっている天神山古墳の石棺を考える際に、ほぼ完存している本古墳の長持形石棺が非常に参考になるからである。本石棺の詳細な調査を行った白石太一郎さんは、おそらくヤマト王権のもとで大王の石棺造りに従事していた専門工人が派遣されて制作したものと考えて間違いないとした。その石棺は、後円部の墳頂にある神社の傍らに保管されているので、古墳を訪れた際には確認してほしい。

墳頂部に保管されている長持形石棺
蓋石は一部が残っている

　近畿地方からやってきた工人が、まず天神山古墳の長持形石棺を制作し、引き続き伊勢崎の地に移動して、上毛野地域のナンバー2であるお富士山古墳の長持形石棺を制作して帰って行ったものと思われる。

49

小泉大塚越3号古墳

■佐波郡玉村町飯倉三九

地下二メートルから前方後円墳現れる

古墳は一般的に、当時の地表面の上に土を高く盛り上げて造ったわけだから、現在でもこんもりした山として残っているのが一般的である。それゆえ、平坦地にポコッと自然の地形と思えない高まりがあれば、古墳の可能性が非常に強い。

ところで、玉村町の東部、旧芝根村の小泉地区で、芝根小の校舎建設や周辺の下水道整備などに伴って一帯を発掘調査したところ、現地表下二メートルほどから大小一〇基もの古墳が見つかった。

今は芝根小学校の本校舎の下になっている小泉大塚越3号墳は、墳丘の上三分の一ほどは後世に削られていたが、それより下は完全に近い状態で残っていた。六世紀後半に造られた墳丘長約五〇メートルの前方後円墳で、主体部の横穴式石室や埴輪列もよく残っていた。

これをきっかけに玉村町教育委員会の埋蔵文化財担当者が周辺一帯を注意深く観察

小泉大塚越３号墳全景
墳丘は二段構造で、その一段目にめぐる埴輪列が弧状に見える

すると、少なくとも二三基の古墳が存在することが分かってきた（小泉古墳群と命名された）。この数は、さらに増える可能性が十分にある。

昭和十年の県下一斉分布調査では、この芝根小の周辺一帯では、わずかに「二本欅古墳」の一基が数え上げられただけだった。古墳が少ない地域と考えられていたわけである。

たくさん古墳が存在することが分からなかった理由は、すべて現地表面の下に埋もれていて、痕跡が地表に現れていなかったからである。古墳が深く埋もれる原因をつくったのは、この地区のすぐ北側を北西から南東に流れている利根川である。

天明三（一七八三）年、浅間山が歴史に残る大噴火を起こした。これに伴う大規模な泥流・土石流が吾妻川から利根川へと一気に押し寄せたのである。現代ほどに利根川の堤防が強固に整備されていたわけではないから、流域一帯もこれにのみ込まれる甚大な被害を受けた。玉村町の地域も例外ではなく、土石流に埋まった江戸時代のムラや水田・畑の跡が発掘調査で数多く見つかっている。

天明噴火の当時、小泉地区に所在していた数多くの古墳もすべて泥・土石流下となった。小泉古墳群の発掘調査では、小泉大塚越3号墳や同長塚1号墳に代表されるように副葬品や埴輪列の残りが非常によかった。泥流災害の被害の大きさとは裏腹に現代に大きな成果をもたらしてくれたわけである。

出土した盾持人埴輪

50 小泉長塚1号墳

■佐波郡玉村町小泉一四二一一ほか

半島製?の大刀出土

平成二十二年の秋、一週間ほど、韓国に滞在した。羽田発十二時五分のソウル金浦空港行きの大韓航空機に乗った私は、行きの便だというのにザックも手提げ袋も荷物でぎっしり。空港で預けたスーツケースもパンパンで、中身は韓国の友人たちへのおみやげの考古学関係の書籍である。帰国時には、中身が韓国の書籍にそっくり替わるはずである。

今回の訪韓先は、半島の南西側、かつての百済のエリアで、現在のソウル市、京畿道、忠清南・北道、全羅北道に当たる。ヤマト王権は、朝鮮半島に鼎立していた高句麗、百済、新羅の三国の中では、特に百済と密接であり、また国家段階には達していなかった東隣の加耶《かや》の勢力とも深い関係を持っていたことが知られている。

小泉長塚１号墳出土単鳳環頭大刀

六世紀後半の高崎市観音山古墳石室から出土した大量の副葬品は、朝鮮半島との関係の深さを物語るものとして、全国的にもよく知られている。中でも、獣帯鏡《じゅうたいきょう》は、百済の武寧王《ぶねいおう》陵出土の銅鏡と同型品であるとして注目されている。ところで、伊勢崎市から前橋、高崎市にかけての利根川中流域に分布する六紀後半の前方後円墳は、観音山古墳と同様に榛名山の噴火軽石（角閃石安山岩）を加工した石材で石室を造り、石室内から豪華で豊富な副葬品が出土する。

玉村町の小泉長塚1号墳は、そのような古墳の一つで、全長が約五〇メートルの前方後円墳と推測される。石室は、観音山古墳とよく似た構造で、大量の副葬品が見つかった。写真は、装飾大刀の握りの先端部分の飾りである。金銅製で環状の中に一羽の鳳が表現されており、「単鳳環頭《たんぽうかんとう》大刀《たち》」と呼ばれる。半島製の可能性がある。

武寧王陵出土の単鳳環頭大刀

滞在中の一日、友人の金武重《キンムジュン》氏の紹介で、装飾大刀や装身具研究で有名な東洋大学校教授（現在は大田《テジョン》大学校）の李漢祥《イハンサン》氏に会い、長塚1号墳の大刀についていろいろ意見を聞くことができた。

氏によると、この大刀は非常に高い技術力に支えられた優品で、武寧王陵に近い百済系の特徴をよく残しているとのことであった。氏とは夕方五時に大田市近郊の料理屋で会ったのだが、この大刀一本を肴に、話は九時近くにまで及んだ。テーブルには、所狭しと料理の皿が並んだが、箸をつけるのも忘れて時間はあっという間に過ぎた。

古墳時代の上毛野と半島との関係は、ますます興味深くなってきた。

51 オトカ塚古墳

■佐波郡玉村町下茂木一〇五〇ー一ほか

大型の馬形埴輪出土

写真は、玉村町文化センター内の歴史資料館に展示されている馬形埴輪である。胸から腰にかけて馬鐸《はたく》と呼ばれ、揺れるとカランカランと響く銅製の鳴り物がつり下げられている。鞍が付いていないので乗馬用ではなく、ハレの舞台に連れ出して見せびらかした姿かもしれない。

実物が残っているのは、胴の側面から背にかけてであるが、これを基に復元してみると、足の先から頭のてっぺんまでの高さが一・五メートルは優にある大型品である。これに匹敵するのは、高崎市の綿貫観音山古墳ぐらいで、埴輪馬としては最も大きい部類である。私がかつて調査した旧吉井町の神保下條2号古墳から出土した馬形埴輪は八五センチほどだったので、オトカ塚の馬をはじめて見たとき、あまりの大きさにびっくりしたのを憶えている。

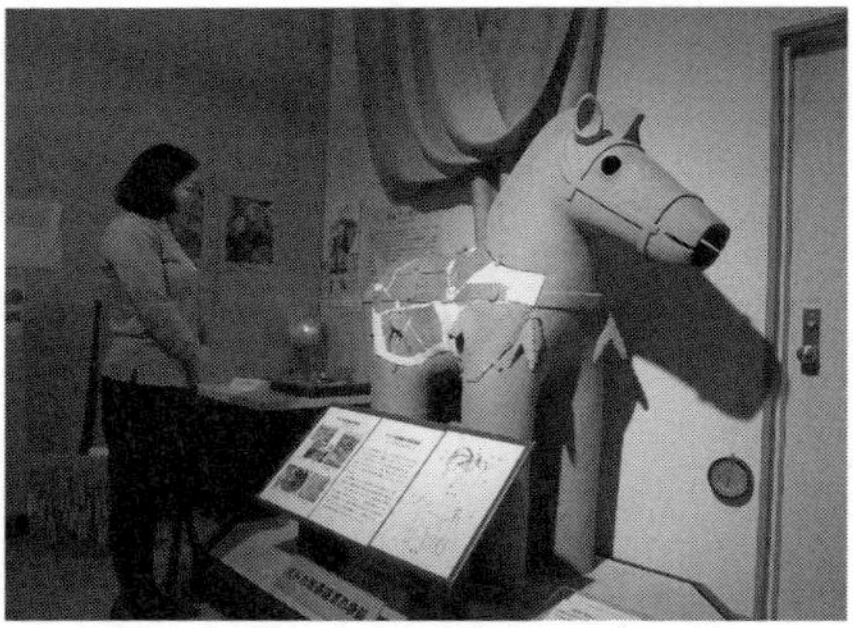

復元されたオトカ塚古墳の馬形埴輪
実際に見つかったのは背中から腹部にかけての破片

ところで、この埴輪は平成六年、住宅建設に伴う事前の発掘調査で偶然発見されたものである。調査地一帯はよくある平坦な畑地で、その下から古墳の墳丘や周壕の一部が姿を現し、それに伴って埴輪の破片が出てきたわけである。見つかった古墳の部分同士を図面上でつないでいくと、墳丘の全長が約八五㍍の大前方後円墳だったことが明らかになった。

　調査した場所は、烏川の左岸（北岸）に当たり、もとの芝根村下茂木の地である。ここの地番をたよりに昭和十年の古墳分布調査の報告書（『上毛古墳綜覧』）に照らしてみると、当時「芝根村第2号古墳（オトカ塚）」と呼んでいた古墳に該当するとして間違いないことがわかる。

　ただし、そのころには、すでに墳丘はだいぶ削平されていたようで、墳丘の全長が四五㍍、高さ一・三㍍と記されている。そして、今回の調査が行われるまでの間に、さらに削られて跡形もなくなってしまったわけである。

現在の地表下から見つかったオトカ塚古墳の前方部の葺石

　烏川沿いの付近一帯には、かって五〇基近くの古墳が存在したことが知られており、オトカ塚古墳は、それらの代表的な存在だった可能性が強い。現在は、わずかに軍配山古墳と梨ノ木山古墳を残すのみとなってしまったが、古墳時代後期には、オトカ塚古墳の豪族に率いられた上毛野の中でも有力地域の一つだったことがわかる。現地には面影をほとんどとどめていないが、大型の馬形埴輪を通して、当時に思いをはせてほしい。

52

川井・茂木古墳群①

■佐波郡玉村町川井・茂木

烏川左岸に五〇基以上存在

昭和四十三年四月、玉村町で行われていた川井・茂木古墳群の調査が、私の古墳発掘デビューである。当時は、県・市町村教育委員会に遺跡の発掘調査体制は整備されていなかったので、群馬大学の考古学者尾崎喜左雄先生が担当して調査をすることが多かった。私は、その群馬大学に入り立てのホヤホヤだったわけである。

調査は、新学期が始まってほどない四月の日曜日だった。当時の発掘調査は、尾崎先生の指導を受けていた大学生が主として当たったので、当然調査期間は、大学の夏・冬・春休み等の長期休みに限られていた。それゆえ私は、大学在籍期間中の長期休みは、すべて発掘調査に参加していて、それ以外の過ごし方をした記憶がない。

それでは、なぜ長期休みでもない四月の日曜日の調査なのかというと、その直前の春休みに行っていた川井・茂木古墳群の調査が少し予定を残してしまったためである。調査に参加したといっても、当時はまったくの駆け出しで、右も左もわからなかった私は、調査内容はよく覚えていない。ただ、調査古墳のまわりが水田地帯だったので、掘り下げて調査している場所に水が湧き出してしまい、難儀をしたことである。そこで私が、水のかい出し役を仰せつかり、そ

群馬大学による古墳調査風景

の間に先輩の柿沼恵介さんが調査をした。私の古墳発掘デビューは、ひたすら水のかい出しだったわけである。

川井・茂木古墳群は、玉村町の南東部、利根川と烏川に挟まれた地帯に所在していた。かつては、前方後円墳六基を含め五〇基近くが存在していたが、現在、はっきり確認できるのは、大型円墳の軍配山古墳と梨ノ木山古墳だけである。前項に紹介したオトカ塚の大型前方後円墳も本古墳群に所属したものである。

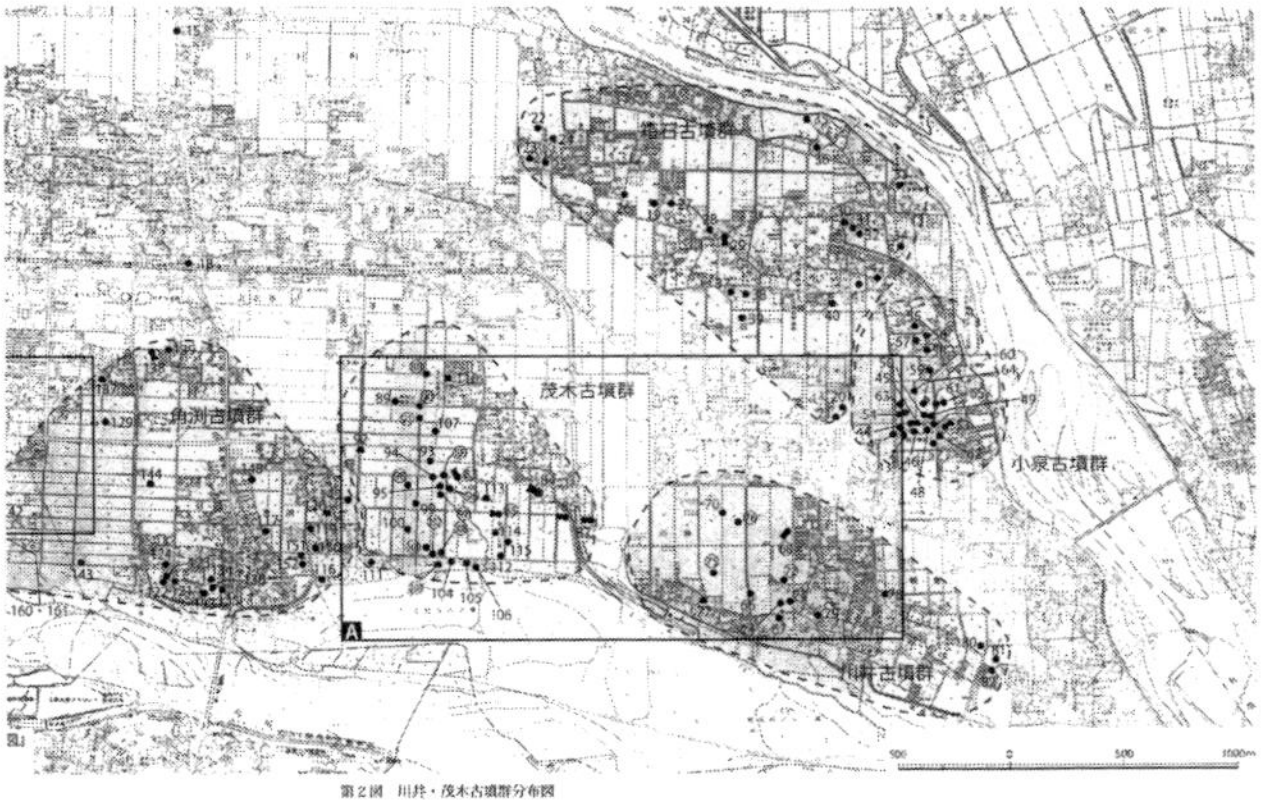

川井・茂木古墳群分布図

この古墳群の所在した一帯で昭和三十七年から大規模な土地改良事業が始まり、一部の古墳は調査が行われないままに消滅してしまった。玉村町教育委員会では、きちんとした調査の必要性を痛感し、昭和四十一年から尾崎先生に調査を依頼し、昭和四十四年までに都合二〇基の古墳の調査が行われ、大きな成果をあげることができた。

ところが、諸般の事情から調査報告書は完成されないままだった。そこで玉村町は資料の基礎整理を計画し、平成二十一年に立派な報告書を完成させることができた。次に、その主なものを紹介することにしよう。

川井・茂木古墳群②川井稲荷山古墳

四世紀の墳丘を六世紀に再利用

　写真は、川井稲荷山古墳（芝根7号墳）から出土した三角縁神獣鏡《さんかくぶちしんじゅうきょう》と呼ばれている銅鏡である。鏡の周囲にめぐらされている縁の断面が三角形を呈しているのが名称の由来である。見えている面は、鏡の裏面で、神像と獣像が浮き彫りに鋳出されている。子細に見ると中央の鈕《ちゅう》から対象の位置に二つで一対の神像が二組配されている。向かって左側が男性（東王父）で右側が女性（西王母）である。

　また、これとは別に二つで一対の獣像（竜を表している）二組がやはり対象に配されている。これらは古代中国の宗教思想に基づくものである。これらの特徴をもとにして、稲荷山古墳から出土した鏡は、三角縁四神四獣鏡と呼称されている。これ以外にも、神像や獣像の数の違いから、いくつもの種類があることが知られている。

川井稲荷山古墳の三角縁神獣鏡

　この三角縁神獣鏡は、中国で出土する三国時代の銅鏡の意匠を忠実に表しているが、三角の縁と組み合わさったものはほとんど確認されていない。その一方で、日本列島からは、この鏡式の鏡が六百面近く見つかっている。そのため、現在は、中国から渡ってきた工人が日本で製作したとする説と、日本列島への供給用に中国で特鋳されたとする中国製説に意見が分かれている。そのことはともかくとして、これら三角縁神獣鏡を出土する古墳が、古墳時代前期の日本列島の有力古墳に限られたものであったことだけは間違いない。

　この鏡、前期古墳の竪穴式系の主体部の副葬品として出土するのが一般的である。ところが、稲荷山古墳の場合は、六世紀後半の横

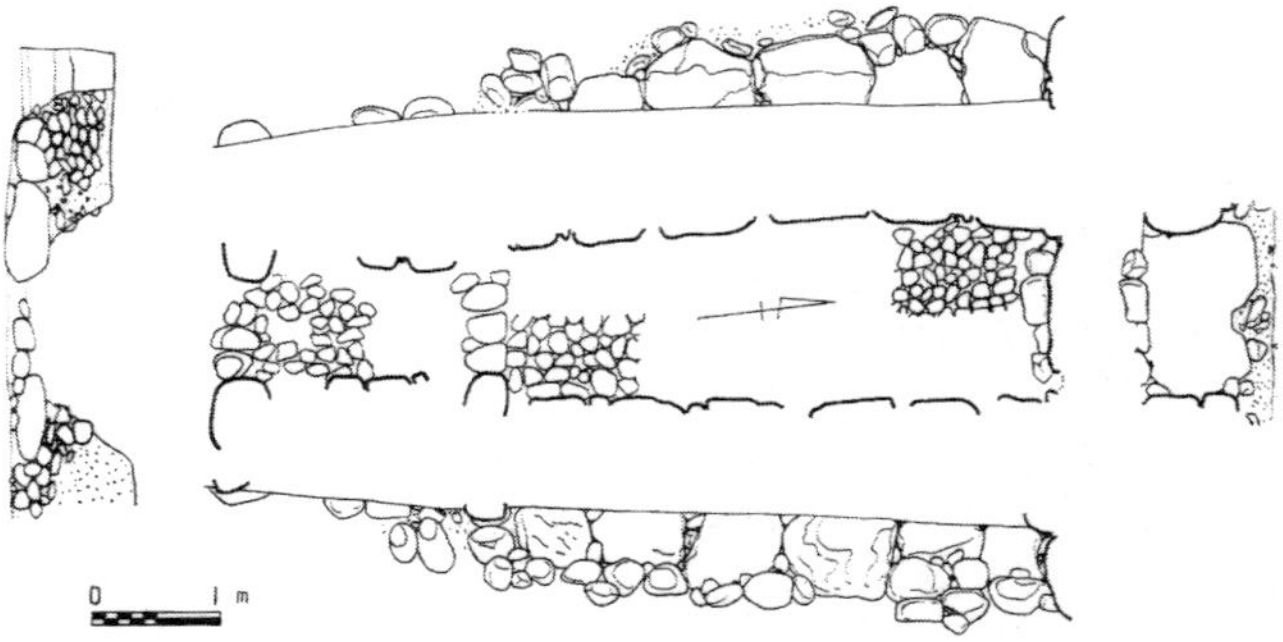

川井稲荷山古墳の石室実測図
鏡は石室奥壁の裏側の土中に埋められていた

穴式石室の背後の墳丘内から見つかるという異例の出土であった。鏡が埋め殺しになってしまっていたわけで、人の目に触れない場所なので、被葬者に伴う副葬品ではけっしてない。後期古墳の想定外の場所からの出土に、調査関係者は大変な驚きだったときく。

　その後、調査が進展していくと、六世紀後半の古墳の下に重なるように四世紀の古墳があることがわかってきた。もともとあった古墳の墳丘を再利用して六世紀の古墳が造られたらしい。その際、古い墳丘に大幅に手を入れたため、竪穴式の主体部に当たり、そこに副葬されていた三角縁神獣鏡が顔を出したのだろう。「これはたいへん！」と、横穴式石室の背後にそっと埋め戻したものと思われる。

川井・茂木古墳群③玉村15号墳

■町文化センター（佐波郡玉村町福島三三一五）

石室の構造に変化

　玉村町15号墳は、烏川に近い角渕地区に所在した古墳である。現在の玉村ゴルフ場（烏川の河川敷を利用して敷設）のすぐ北側の位置である。墳丘の直径が約一五メートルの円墳で、古墳群の中では最も小さい部類に属する。

　墳丘の残りはあまりよくなかったが、それにくらべると主体部の横穴式石室は比較的よく残っていた。その特徴としては、六世紀中ごろの大噴火によって利根川に流れ出した榛名山の角閃石安山岩を壁石として使用していることがまずあげられる。軽石質の特性を生かして、積み上げられる表面と上下・左右の五面を加工しているのが第二の特徴である。

移築工事中の玉村15号墳
最初は玉村町役場構内に移築され、さらに町文化センターに再移築

　石室の全長は五・七メートルで、入り口から奥へ二・四メートル進んだところで、床面が六〇センチ低くなっている。この低い奥側が埋葬部の玄室になる。入口から一段下がる手前までは、通路部分、あるいは外界から遮蔽する閉塞部分に当たる羨道である。

　上毛野地域でよく見る横穴式石室は、羨道から玄室に入るところで左右に大きく広がる

「両袖式」石室である。玉村町15号墳石室は、羨道から玄室にかけての壁面に区分がなくそのままつながっていくので、「袖無式」と呼んでいる。その場合、羨道から玄室にかけて床面が一段下がる構造により、両者の区分をしている。

　上毛野地域の中・小型古墳の横穴式石室の大まかな変遷を見てみると、袖無式から両袖式へと変化していくことがわかる。ただし、前方後円墳のような最有力者の石室は、最初から最後まで両袖式である。玉村町15号墳が造られた六世紀後半のころになると、中・小型古墳の石室の場合も、袖無式から両袖式に移行していくため、両式が混在している。

玉村町文化センターの南側にある15号墳石室
見学しているのは、韓国の考古学者

　少し石室の詳細にまで踏み込んだのは、15号墳石室が玉村町文化センターの屋外の一角に移築復元されているので、現地に足を運んでもらえば、実際に即して確認することができるからである。

　古墳がもともとあった場所で保存されるのに越したことはないが、発掘調査された古墳の多くは、残らないケースがほとんどである。それだけに、移築保存ではあるが、残されたことには、大いに意義がある。川井・茂木古墳群の大半は、発掘調査後に消滅してしまっただけに、なおさらである。

55 川井・茂木古墳群④梨ノ木山古墳

■佐波郡玉村町下茂木一〇五三

直径50メートルの巨大円墳

掲載した写真は、いつもの古墳の写真とくらべると見慣れない光景である。これは、川井・茂木古墳群を構成した数多くの古墳の中で、かろうじて現地に残る二つの古墳のうちの一つ、梨ノ木山古墳の墳丘頂上から北東方向を見下ろしたものである（もう一つ残るのは、軍配山古墳）。

梨ノ木山古墳は直径が約五〇メートル、高さが約七メートルの大円墳で、墳丘の周囲には幅四〇メートル近い二重の堀がめぐらされている。円墳としては最大級に属するものであり、前方後円墳に劣らない被葬者に関わるものであったことが推測される。

主体部は墳頂下から竪穴式系の埋葬施設の残骸が見つかっているので、すでに盗掘に遭ってしまっていたことがわかる。工具の小刀を表していると思われる滑石製の刀子形模造品が出土している。また、斧形模造品の存在も伝えられている。これらは、実際の製品に近く模造されている。このような滑石製模造品が出土するのは、主として五世紀中ごろ以前の時期であることから、本墳の築造時

梨ノ木山古墳の墳頂から北を望む

期を知る手掛かりになる。古墳群を構成する諸古墳の大半は六世紀に属しているので、軍配山・川井稲荷山古墳とともに古い時期に属する数少ない古墳である。

　さて、なにゆえに墳丘頂上から見下ろした写真を掲載したのかということに話題を戻そう。通常、私たちが古墳を見るのは、全体が見渡せる外側からである。古墳が造られた当時の状況で考えるならば、この視覚は部外者が古墳を見るときのものである。あるいは、古墳に埋葬された支配者層の下位にあった一般構成員の視覚と言ってもいいだろう。

　これに対して墳頂部から見下ろすのは、埋葬されている支配者、あるいはその葬送儀礼を行った近親者、関係者（その中には、被葬者である王の後継者も当然いただろう）の視覚である。

　というのは、古墳時代の前半期の主体部である竪穴式系の埋葬施設は、墳丘頂上から掘り下げられた墓壙《ぼこう》の中に遺体を納める石棺や石槨が置かれるのが基本である。支配者は、土を高く盛り上げた墳丘の上部に埋葬されるという発想があったのだろう。当然、関係者による葬送儀礼の重要な一コマは、頂上部に参集して行われたわけである。

　今度古墳を訪れる際には、ぜひ墳丘の頂上に登り、そこから周囲を見渡してほしい。

梨ノ木山古墳を北側から望む

56

公田東遺跡1号周溝墓

■前橋市公田町

死者の再生祈る鶏

かつて、多くの農家には、ニワトリが飼われていた。毎早朝、ほぼ決まった時刻に「コケコッコー、コケコッコー」と甲高い声で泣いて朝を告げるのは雄鶏で、目覚まし時計など無用の長物だった。

この習性から、雄鶏は暗いあの世と明るいこの世との間を自由に行き来できる能力があり、亡くなった人を再び甦らせることができる特別な鳥と古来信じられてきた。民俗学者の板橋春夫さんに教えてもらったのだが、かつて、伊勢崎市の利根川沿いの地区では、人が川で溺れた時、舟の先に雄鶏を載せて捜索する習俗があったという。これなども、雄鶏の霊力を頼りに必死で行方不明者を捜したのだろう。

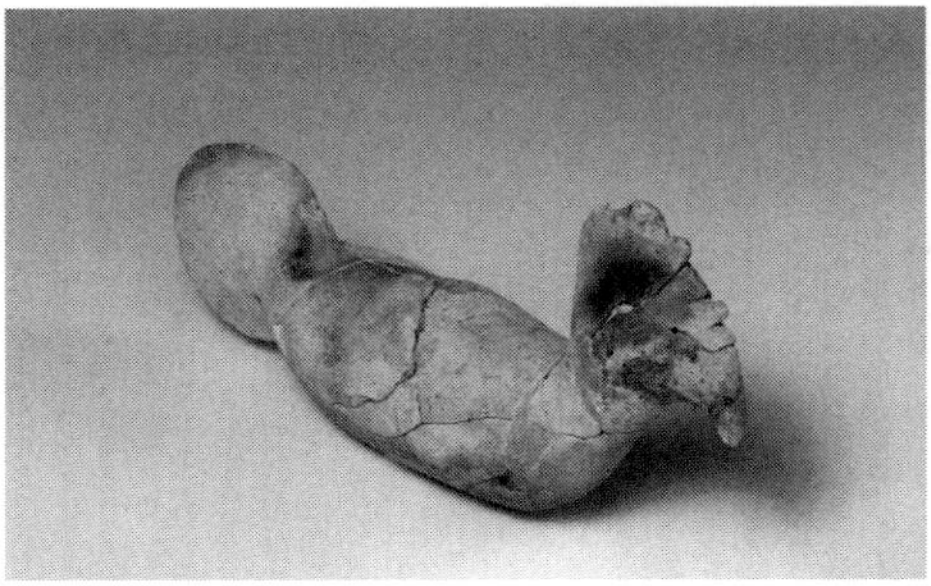

公田東遺跡1号周溝墓から出土した鶏形土製品

一九九四年の夏、私は前橋市の南部、公《く》田《でん》東遺跡で古墳時代のはじめに造られた一基の周溝墓（前方後方形の可能性）の調査に当たっていた。

これは弥生時代に生まれ、古墳時代前期に盛んだった墳墓の形式で、周囲に幅一～二$^{メー}_{トル}$、深さ一$^{メー}_{トル}$前後の溝を方形にめぐらし、その中央に遺体を埋葬したものである。一辺の大きさが一〇$^{メー}_{トル}$前後のものが多く、墳丘の高さは一メートル前後と低かった。ムラの有力層の墓と考えられ、より上位の支配者層は墳丘を高く盛り上げた前方後円墳に代表される本格的な古墳に埋葬された。

調査したのは1号周溝墓で、ここから二ワトリを土で作って焼いた、長さ二四センチほどの土製品が見つかった。鶏冠が発達しているから雄鶏を表していることがわかる。出土した場所は溝に落ち込む墳丘斜面の中途で、中央寄りから転げ落ちたような状態だった。

1号周溝墓全景
前方後方形周溝墓の可能性がある

土製品の出土した位置や状態を詳しく記録してから取り上げてみると、腹部から背中にかけて径一センチくらいの孔が突き抜けているのがわかった。このニワトリが、細い竿の先端の細い棒に差し込んで立てかけられていたと推測された。試しに孔の大きさに合わせて竿を作り、ニワトリを差すと、うまい具合に空中に掲げることができた。

周溝墓の中心に当主が埋葬されると、その傍らにニワトリ形の土製品が掲げられ、家族や関係者一同が必死で亡き肉親の再生を祈り続けている姿が目に浮かぶようである。

朝倉・広瀬古墳群①

■前橋市朝倉・広瀬町

二百基を超す古墳「団地」

前橋市街地の中央を北西から南東に流れる広瀬川は、そのまま市街地の南東部の朝倉町から広瀬町、さらに山王町の北西側を伊勢崎市方面に向かっている。この現広瀬川の流路に近いところを古墳時代の利根川は流れていた。この流路の右岸には、河川によって形成された発達した段丘が帯状に連なっており、そこに昭和三十年代以降に形成された朝倉・広瀬団地の屋並みが累々と連なっている。

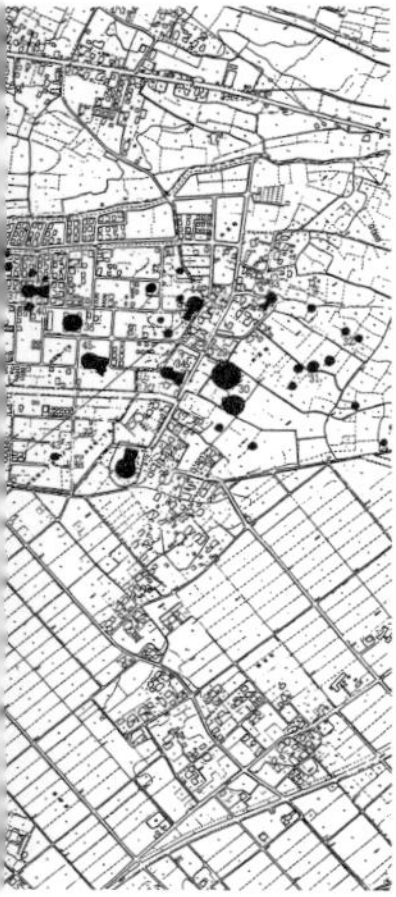

ところで、団地が造成される以前は、一面の畑（主として桑畑）で、その中のここかしこに数え切れないほどたくさんの古墳が所在していた。掲載した地図は、昭和十年に行われた県下一斉の古墳分布調査の成果をもとにして前橋市教育委員会が作成したこの付近一帯の古墳分布図である。住宅団地になる以前のこの地は、「古墳団地」だったと言っても過言でないほどである。上毛野地域屈指の一大古墳群で、「朝倉・広瀬古墳群」と呼称されている。

前述した昭和十年の調査で確認されたのは一六〇基ほどで、そのうちには上毛野地域で最初に登場した大型前方後方墳の前橋八幡山古墳や同じく大型前方後円墳の前橋天神山古墳も含まれている。古墳群の先駆をなしたこの二つの大型古墳以外にも一五

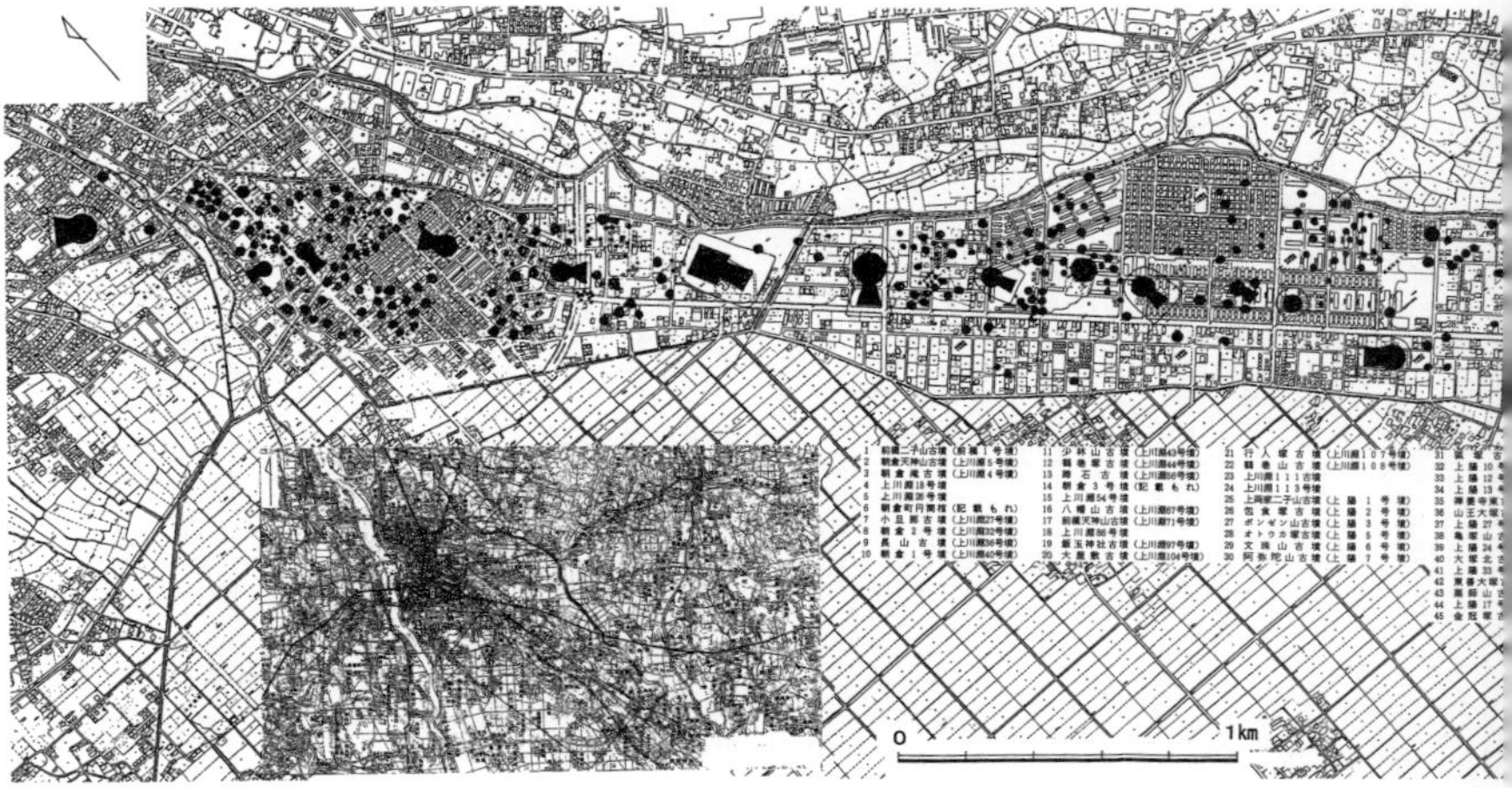

朝倉・広瀬古墳群分布図
古墳群の分布域が完全に朝倉・広瀬団地と重なっているのがわかる

基ほどの前方後円墳があったことが知られている。八幡山、天神山古墳に続く首長層のものであったとして間違いないだろう。それ以外の大半は、大中小の円墳である。分布調査当時、歩いて確認できたものだけでこの数であるから、実際に所在した古墳の総数は二百基を下らないと考えて間違いない。

現在、古墳として残っているのは、八幡山、天神山古墳を含めて九基ほどで、すべて前方後円墳（後方墳）か、これに準ずる大型古墳で、あとはすべて消滅してしまった。多くの場合、遺跡の発掘調査がある程度市民権を得られるようになる以前のことだったため、古墳の内容がほとんどわからないままに消滅してしまった。

次項から、わずかな手がかりをもとにしながら、この古墳群の実相に近づいてみることにしたい。

朝倉・広瀬古墳群②前橋八幡山古墳

■前橋市朝倉町四―九―三ほか

灌漑で大規模農耕実現

　群馬県には一万基を優に超える古墳があり、その大半は、墳丘の直径が一〇メートル内外の小型古墳である。本書で取り上げている古墳の中には、当時の一般人の墓と目される古墳が多くを占めている。通常の古墳時代人の息づかいが少しでも伝えられたら、との意図からである。

　前橋八幡山古墳は、上毛野地域で最も古い大型古墳の一つである。このような古墳を見ていく場合も、小型古墳に垣間見られた人々のさまざまな姿を踏まえていくことにより、これまでの古墳観とは違った側面の発見につなげられるだろう。

前橋八幡山古墳の上空から南側の平地部を望む

　八幡山古墳は、前橋市の南東部、広瀬団地の一角にある。造られたのは今からおよそ一七〇〇年前、三世紀終わりのころである。墳丘の全長が一三〇メートル、高さが一二メートルもあるので、目の当たりにするとその大きさに圧倒される。前も後ろも方形の前方後方墳と呼ばれるもので、この種類では全国トップクラスの規模である。

　上毛野で最古の古墳が、なぜこの地に造られたのだろうか。この課題に見事に回答してくれたのは、八幡山古墳の南方一帯で大々的に行われた北関東自動車道や県道前橋長瀞線のバイパス建設に伴う一連の発掘調査の成果だった。調査で見つかったのは、延々と連なる水田跡と集落跡である。それら何カ所もの調査に共通していたのは、すべてはじまりが古墳時代の最初のころという点で、弥生時代にまでさかのぼるものは一つもなかったことである。このことから、前橋市の南部に広がる広大な水田地帯は、古墳時代になって一気に開発されたものであることが明らかになってきた。

徳丸仲田遺跡で見つかった古墳時代前期の大溝

そのような中で、この水田地帯の真っただ中で行われた徳丸仲田遺跡の調査で、古墳時代前期の人工大溝が発見された。これまで農地として利用できなかった不毛の地が、大規模な灌漑技術を駆使することで豊かな水田に生まれ変わっていったことを物語る。

この水田地帯を見晴るかす位置に造られた八幡山古墳の被葬者は、この大規模農耕開発事業を牽引し、上毛野地域の新しい時代の幕開けに深く関わったリーダーだったことは間違いない。

59

朝倉・広瀬古墳群③前橋天神山古墳（1）

■前橋市広瀬町一―二七―七

ヤマト王権と緊密な関係

前橋八幡山古墳のすぐ東隣にある前橋天神山古墳は、東日本の中では、最も充実した内容を誇る前期の前方後円墳の一つである。八幡山に引き続いて四世紀前半に築造されたことから、両古墳の間には直接的な系譜関係が想定できる。

墳丘の長さも一二九メートルで、ほとんど同じである。相違点はと言えば、八幡山が前方後方墳、天神山が前方後円墳というところにある。前方後方墳から前方後円墳に変わったことには、どのような意味があるのだろうか。

古墳時代になって、それ以前にはなかった前方後円墳という新しい墳丘形式を生み出したのは、大和盆地の南東部（現在の奈良県桜井・天理市の付近）にいた豪族で、大王の地位の証しにしようとしたのである。その最初の前方後円墳と考えられるのが三輪山の近くにある箸墓《はしはか》古墳（墳丘長二七二メートル）である。

この後に続く大和の有力古墳のいずれもが前方後円墳を採用している。と同時に、大和以外の地域の有力古墳も、箸墓よりは小さいが同じ前方後円墳を採

前橋天神山古墳の墳丘を北西側から望む
左側が後円部、右側が前方部

用する。両者の間に密接な関係ができた証しとして前方後円墳の築造技術が伝えられたのだろう。それゆえ、大和の地にいた王は、「王の中の王＝大王」と考えられ、その勢力を「ヤマト王権」と呼称している。古墳時代の日本列島は、ヤマト王権がリードしたのである。

大和盆地にも前方後方墳は存在する。前方後円墳にくらべると少しマイナーな存在のようだ。数も少なく、規模も少し小さいからである。

このように考えると、たかだか「四角」と「円」の違い以上に大きな意味を持っていた可能性がある。八幡山古墳の豪族が前橋南部の一帯を支配する勢力だったことは間違いない。しかも、大和の大王との政治的つながりを有していたことも確かである。

最古の前方後円墳、奈良県箸墓古墳を北側から望む
左側が後円部、右側が前方部

八幡山古墳の豪族の主導により広大な前橋市南部の大規模開発が開始されたとするならば、これを継いだ天神山古墳の豪族のころには、この豊かな経済的基盤に支えられた押しも押されもしない東国の大勢力になったのだろう。このことがヤマト王権との関係を一層緊密にし、大前方後円墳の成立につながったのだと思われる。

朝倉・広瀬古墳群④前橋天神山古墳(2)

東日本でも屈指の貴重な副葬品

昭和四十三（一九六八）年の夏、前橋天神山古墳もついに発掘調査されることになった。この時点で、すでに前方部は未調査のままに削平されてしまっていた。終えたら残りの後円部の墳丘も取り壊し、住宅団地にする予定になっていた。夏休みいっぱいを費やして調査は終了したが、決定的な埋葬施設の確認には至らなかった。秋以降、天神山の墳丘の削平工事が始まった。その時、夏の調査に参加していた前橋工業高校生の笹岡規雄さんは、毎日のように天神山の工事現場に通い、ブルドーザーの墳丘削平を見守っていた。ある日、頂上からだいぶ下がったところで赤い粘土の塊が顔を出した。「主体部に当たったのかも！」。笹岡さんはすぐさま、恩師で調査を中心的に進めていた松島栄治先生のところへ報告に走った。墳丘の削平工事はストップとなった。

前橋天神山古墳の大粘土槨

翌年の冬、天神山古墳の調査が再開された。今回は、新たに見つかった主体部が対象である。調査の結果、長さ約八㍍の長大な粘土槨と呼称されている施設が姿を現した。これは、長さが一〇㍍近い大木を縦に二つに割り、芯部分を刳り抜いて上下に合わせる割竹形木棺と呼ばれる木棺を据え付け、その周囲を厚く粘土で被覆する構造である。多くの場合、木棺は腐朽してしまうので、被覆していた粘土に木棺の痕跡が残るわけである。

天神山古墳から出土した三角縁神獣鏡（複製品）

粘土槨の中からは、三角縁神獣鏡と呼ばれる中国三国時代の魏に淵源が求められる鏡二面を含む五面の銅鏡や靫《ゆぎ》と呼ばれる弓矢入れに納められた三〇本の銅鏃、さらに大量の鉄製の武器・武具・工具類等が見つかった。おそらく、これまで知られている東日本の前期古墳の中でも屈指の充実した内容の副葬品と言っていいだろう。

天神山古墳の調査は、あらためて朝倉・広瀬古墳群の重要性を示すとともに、上毛野地域が、古墳時代の最初の段階から東日本でも屈指の有力地域であったことを物語る。

主体部の調査が行われた時点では、墳丘は後円部がかろうじて残るだけだった。しかも、後円部の削平も進行していた。現在は、わずかに主体部のあった部分だけが、かろうじて残されている。痛ましい状態と言えなくもないが、それでも実際の墳丘の一部が現地に残されたことは、重要である。

朝倉・広瀬古墳群⑤朝倉2号墳

■前橋市朝倉町三丁目

権力示す鉄製の副葬品

　朝倉2号墳が所在した場所は、現在の朝倉団地の真っただ中に当たり、今は跡形も残っていない。掲載した写真は、古墳が発掘調査された昭和三十五（一九六〇）年当時の様子である。古墳の周辺一帯は見渡す限りの桑畑であったことがわかる。桑畑のはるか先にかすかに人家が見える。当時は、県内各地にまだまだ数多くの古墳が残っていたが、いずこも同じような景観の中に所在していたに違いない。

　朝倉2号墳は直径二三・五メートル、高さ三・八メートル以上の比較的大型の円墳で、近くにある前橋天神山古墳とほぼ同じ古墳時代前期に属している。この時期は、古墳を造ることができるのが上位の階層に限られていた。前期に属する古墳が非常に少ないゆえんである。

朝倉２号墳調査風景（昭和 35 年）

　墳丘は二段に造られており、その表面は、川原石を丁寧に積み上げた葺石で覆われていた。また、頂上からはいくつもの壺形土器が見つかっており、遺体を納めた主体部の周りを取り囲むように置かれていたことが推測される。この役割は、やがて埴輪に替わる。

　主体部は、墳丘のほぼ中心に長軸方向を東西にして設置された粘土槨と呼ばれる埋葬施設である。ヒノキのような真っすぐ伸びる大木を竹を割るように真っ二つにし、芯をくり抜いて造った木棺を粘土で包み込んだものである。木棺は腐ってなくなってしまうので、包み込んでいた粘土に木棺の痕跡が残るわけである。その痕跡から、棺の長さが五メートル近くあり、天神山より二回りは小さかったことがわかる。

棺内の西寄りからはさまざまな鉄製品が見つかっている。その内訳は、大刀一、剣二、鉄鏃二〇の武器類と斧一、鎌一の農工具である。この時期の古墳としては、比較的豊かな副葬品を伴うものである。この当時、鉄製品は支配者層が独占的に所有していたと推測され、まだまだ希少品だったからである。

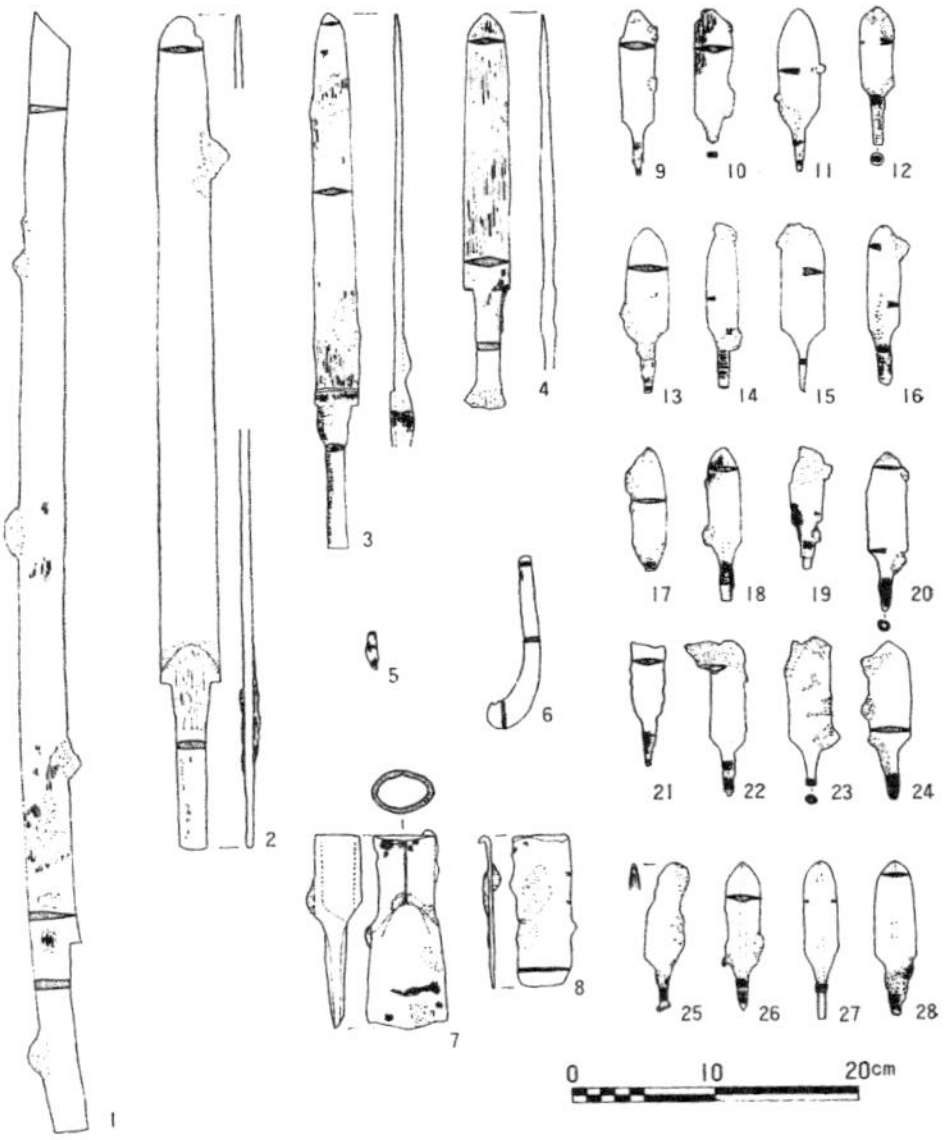

朝倉2号墳出土鉄製品
左から大刀・剣・槍・鏃。中央中位不明鉄器、下斧・鎌

本墳の東方にあった前橋天神山古墳の被葬者は、地域一帯では最高位を占めており、全長約一二九メートルの大前方後円墳を実現した。その次位を占めていたのが朝倉2号墳の被葬者だったと思われる。おそらく、朝倉・広瀬古墳群の中には、この2号墳と同等の地位を占めたと思われる円墳があと二、三基はあったのではないだろうか。

62

朝倉・広瀬古墳群⑥長山・大屋敷古墳

■長山：前橋市朝倉町三丁目四七　大屋敷：広瀬町二丁目一五

本格的な調査せず消失

掲載した写真は、昭和四十六年に刊行された『前橋市史第一巻（古代・中世編）』である。一〇五〇ページに及ぶ大冊であり、その大半は尾崎喜左雄氏が執筆している。「第二章　豪族の支配と古墳の築造」には、実に四〇〇頁近くが当てられている。

その前半では、氏が前橋市で調査を行った三三基の古墳の一つ一つについて、詳しく調査成果が記され、さらにこれに基づいて前橋市域、さらには上毛野地域の古墳時代像が考察されている。朝倉・広瀬古墳群については一〇基の古墳が取り上げられている。

ところで、この章の最後に「古墳群」と題する節がある。そこには、前橋市の各地に所在した古墳群の一つ一つについて、その概要がかなり詳しく記されている（三三基の調査古墳も、いずれかの古墳群に属する）。本書を一つの読み物として考えると、この節は、付け足しのような感がして、その前の記述からしっくりつながらない。朝倉・広瀬古墳群の項を読んでみると、その全体像が手に取るようにビジュアルに描かれている。

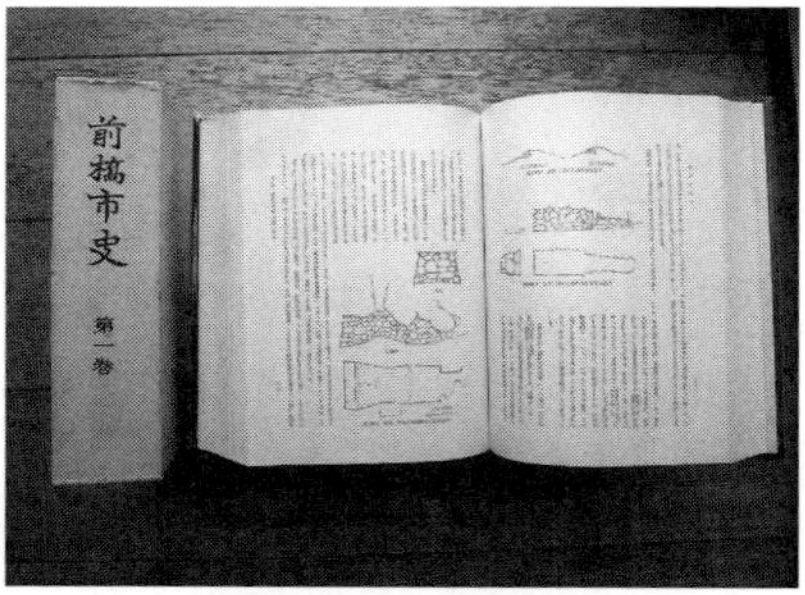

『前橋市史』第一巻

氏が、昭和十一年に来県して以来、長年にわたってつぶさに見てきた内容を、大半を失ってしまった現在、書きとどめておこうという意図が見えてくる。調査を経ずに消滅してしまった数多くの古墳・古墳群について、調査が及び具体的内容が明らかにされたなら、さらに豊かな歴史が描けたのにとの残念な思いが伝わってくる。

本格的な調査を経ずになくなってしまった前方後円墳の中に、長山古墳と大屋敷古墳がある。長山古墳は、朝倉団地側に所在していた大古墳で、墳丘長は八〇メートル近かった。一方、大屋敷古墳は、広瀬団地側の東寄りにあった大古墳で、やはり長山古墳に近い墳丘規模だった。

尾崎氏のさまざまな著書の中では、この二古墳について時々触れられている。消滅する以前、重要な古墳として注目していたのだろう。古墳が失われていく中で、少しでも内容を確認しようと現地に出向き、六世紀中ごろに噴火した榛名山の噴出軽石を加工して積み上げた横穴式石室であることがわかった。綿貫観音山古墳や総社二子山古墳と同じ石室構造だったことになる。石室内には、豪華で豊富な副葬品が蔵され、充実した埴輪がめぐらされていた可能性が十分ある。

『前橋市史』完成当時の尾崎喜左雄氏

63

朝倉・広瀬古墳群⑦金冠塚（山王二子山）古墳（1）

■前橋市山王町一－一三－三

豪華な副葬品大量出土

広瀬団地を東西に通過するメイン・ストリートを東方の駒形方面に向かって進み、団地の東端に近いところまでくると、道路の左手に金冠塚古墳の所在を伝える案内板が見える。ここで大通りから左に折れて少し進むと右手に前方後円墳が見えてくる。

金冠塚古墳は、朝倉・広瀬古墳群で現在に残る数少ない古墳の一つである。墳丘は、全長が約五二メートルを有し、二段築成であるが、その上段（第二段）部分はほとんど失っている。それでも古墳の範囲をほぼ保存できているので、今となっては非常に貴重である。

金冠塚の後円部西側にある解説板

あまり遺存状態がよくないにもかかわらず、保存されてきたのには理由がある。明治四十年に地元で本墳の横穴式石室が発掘され、豪華な副葬品が大量に見つかったからである。その中に、朝鮮半島製の可能性が非常に強い金銅製の冠があった。これが古墳の名称の由来である。

戦前の日本では、地元で古墳が

発掘されたり、あるいは偶然遺物が出土することがあると、県を通じて宮内省の諸陵寮に詳しい書類を添えて報告する規則になっていた。諸陵寮では、その内容を確認して、陵墓（代々の天皇の墓）に関係するものや、陵墓を検討していく上で重要な資料と判断される場合は宮内省で買い上げ、それに当たらない場合は、書類は上野の帝室博物館（現在の東京国立博物館）にまわされた。そこで重要と判断されれば、今度は博物館により買い上げとなるわけである。それにも当たらない場合は、地元で大切に保管するようにという指示が県に戻されることになる。

　金冠塚古墳の大量の出土品が東京国立博物館に所蔵されているのは、このような背景があったからである。国に召し上げられたということは、残念なことというより、むしろ「日本の歴史にとっても重要」というお墨付きをもらったわけで、地元にとっても名誉なことであった。長年にわたる荒波にもまれながらも古墳が残されてきたのは、発見を契機に金冠塚と呼ばれるようになったことも大いに関係している。

金冠塚古墳の墳丘を北側から望む
二段目が削平され、低くなっている

　前橋市教育委員会では、昭和五十六年にはじめて金冠塚古墳の本格的な学術的発掘調査を行った。その結果、いままで不明確な部分の多かった本墳の墳丘や埴輪列、さらには主体部について、さまざまなことが明らかになった。本墳の横穴式石室も綿貫観音山・総社二子山古墳と同様に、榛名山噴出の角閃石安山岩の加工石材を壁石に使用している。

64
朝倉・広瀬古墳群⑧金冠塚（山王二子山）古墳(2)

新羅王と同じスタイルの冠

　写真は、金冠塚古墳から出土した金銅製冠の復元品である。平成二十三年の秋、前橋市教育委員会が開催した「前橋市民プロジェクト―金冠塚古墳の冠復元制作―」に多くの市民の方々が参加し、完成させたものである。東京国立博物館が所蔵している実物にもとづいて制作したので、大きさも原寸大で、高さは三七センチを有している。

　円筒形を呈しており、その下部の鉢巻状のところが頭にはまるわけで、コックさんがかぶる帽子と同じである。細かく構造を見てみると、鉢巻の上に山の字を四段に重ねて、その上にハート形の頂部がくる立て飾りが五つリベットで取り付けられている。そのため、この冠は、山字式あるいは出字式冠とも呼ばれている。また、その表面には、何カ所も小孔があけられ、そこから細い針金を通して、先に小さい円板を付けている。冠をかぶった人が歩けば、この円板が一斉に揺れることになる。そこで、この円板を歩揺《ほよう》という。

金冠塚古墳の市民プロジェクトで制作された冠の復元品

　日本列島では、山字式冠は、現在までのところ、金冠塚古墳で出土したものが唯一である。玉村町の小泉大塚越3号墳から出土した金銅細片の中に、金冠塚の冠に似た形のものがいくつかあるので、これも同じ冠の可能性があるが、それを加えても二例である。

実はこの冠、日本固有ではなく、朝鮮半島の新羅に特有なものである。三国時代（高句麗・百済・新羅の三国が鼎立）の新羅の領域に当たる現在の慶尚南・北道の東側地域の有力古墳には必ずと言ってよいほど伴う。新羅王朝の支配者層の地位を示すものであったわけである。新羅の都、慶州にある皇南大塚古墳や天馬塚古墳に代表される王陵からは、純金製の見事な山字式冠が出土しており、これには円形の歩揺とともにたくさんのヒスイ製の勾玉がつり下げられている。さすがは新羅最高位の王の冠である。

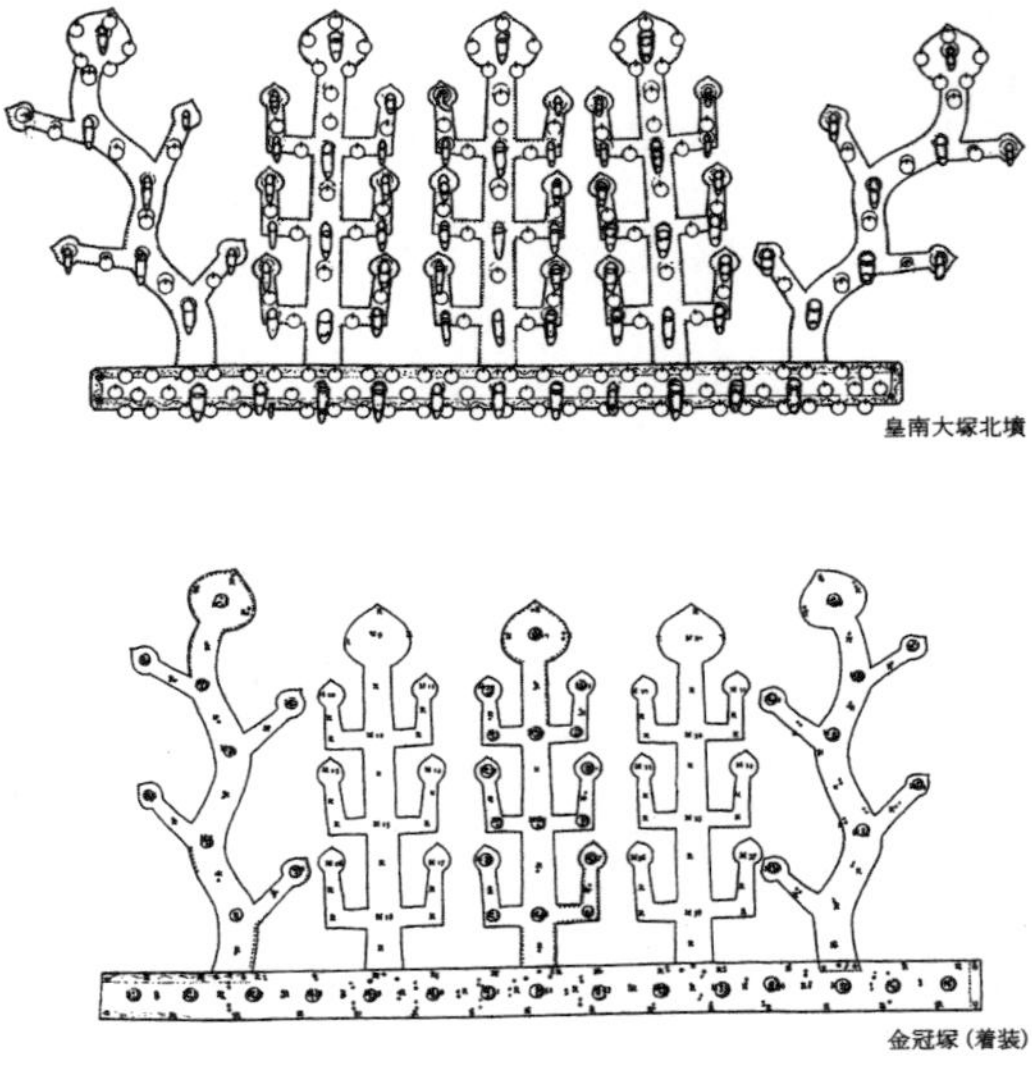

新羅慶州の王陵から出土した金製冠の展開図
上が皇南大塚古墳、下が慶州金冠塚古墳出土

金冠塚古墳の冠も新羅製と考えて間違いないだろう。それでは、山王地区にいた豪族はどうして入手することができたのだろうか。日本列島でも極めてわずかであること、新羅の支配者の証しであること等を考えると、直接手に入れたことも十分考えられる。これを見た地元の人々はさぞかしびっくりしたことだろう。

朝倉・広瀬古墳群⑨上両家二子山古墳

■前橋市山王町

生の記憶も重要な手掛かり

新聞連載を読んでくれている方から、声をかけられ、さまざまな古墳情報を教えてもらえることがある。愛読してくれていること、新しい古墳情報が得られることで二重の喜びである。

そんな中、伊勢崎市在住の関根貞雄さんから長文の手紙をもらった。少年時代、旧上陽村に住んでいたので、朝倉・広瀬古墳群の連載を読み、累々と連なっていた古墳群がなつかしく思い出されたという。とりわけ、近くにあった上両家二子山古墳へは、よく訪れたことが、古墳の詳細なメモ、概略図とともに書かれていた。さっそく関根さんに連絡をしたところ、会ってもう少し詳しく教えてもらえることになった。

上両家二子山古墳は、現在の広瀬小学校の道を挟んだすぐ南西側にあった大前方後円墳である。『上毛古墳綜覧』によると、「上陽村第一号墳　二子山」とあり、墳丘の長さ二六四尺（約八〇メートル）で、周囲には壕の跡をよく残しているとある。

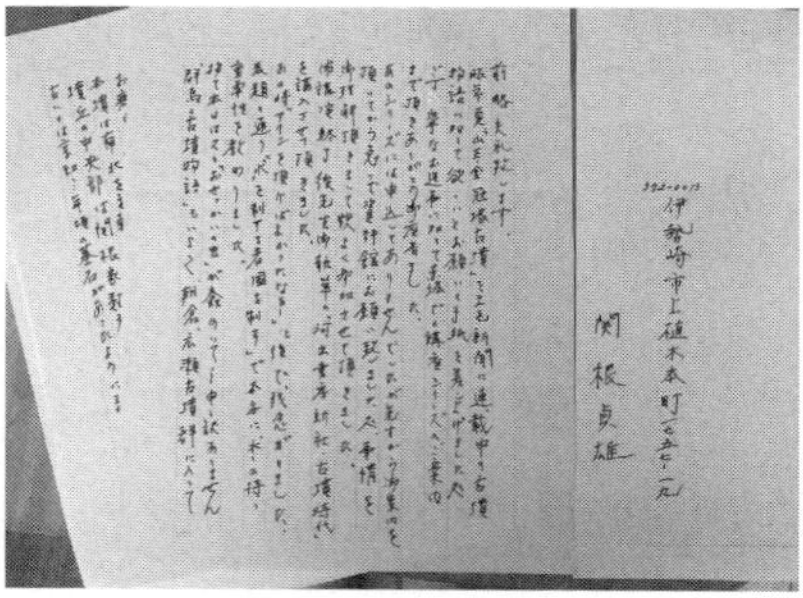

関根貞雄さんの手紙

関根さんによると、墳丘の主軸は、ほぼ南北方向であり、前方部を北側、後円部を南側にしており、昭和三十年代当時、墳丘はだいぶ崩れてはいたものの、はっきりわかる盾形の壕跡が確認できたという。また、墳丘とその周辺には埴輪片がおちており、それを採集して上陽中学校に持って行き、社会科の先生に見てもらったという。その中に、鶏の埴輪の頭部の破片があったそうである。

　ところで、古墳時代の後半期に当たる六世紀の前方後円墳は、墳丘主軸を東西とし、後円部を東側にして、後円部には南開口の横穴式石室を付設するのが一般的である。それゆえ、主軸を南北にとる前方後円墳で後半期の事例は極めて少ない。とりわけ、標準型を重視する風潮の強かった上毛野地域の場合、なおさらである。

　このことからすると、上両家二子山古墳の場合は、四世紀から五世紀にかけての時期で、竪穴式系の主体部であった可能性が強い。一方、墳丘の周囲に明確な壕を備えるようになるのは、前半期の中でも中途からである。埴輪が樹立されるようになるのも同様である。このことから五世紀を中心とした時期に造られたことが推測されてくる。

　上両家二子山古墳は、本格的な調査が行われないままに消滅してしまった。となると、実際を親しく見ていた関根さんの記憶は重要な資料となる。

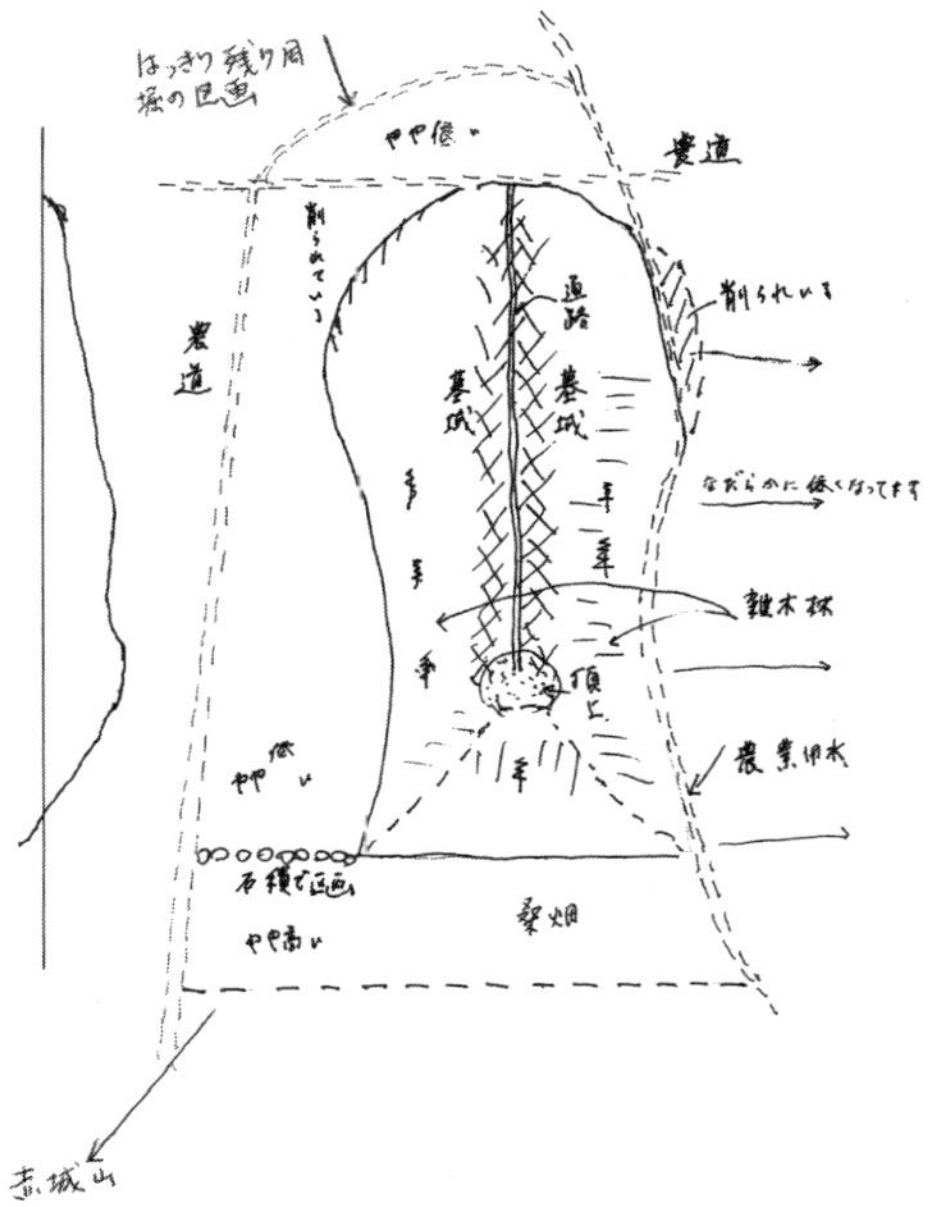

関根貞雄さんからの上両家二子山メモ

朝倉・広瀬古墳群⑩不二山古墳

■前橋市文京町三－二－三

榛名の角閃石安山岩を使用

不二山古墳は、前橋市文京町に所在する全長が約五〇メートルの前方後円墳である。確認されている限りでは朝倉・広瀬古墳群の最西端に位置している。掲載の写真は昭和三十年ごろの全景写真であるが、周囲一帯は畑だったことがわかる。その当時でも、周囲に目立った古墳は認められていないので、まさに古墳群のいちばん西端としていいだろう。現在の周囲は住宅街になっており、すぐ北側はグンと下がって、両毛線の高架橋が見える。広瀬川の河岸段丘の北縁にあることがわかる。

昭和二十九年に群馬大学によって発掘調査が行われており、後円部から南に開口する横穴式石室が発見された。その石室は、六世紀中ごろに噴火し、利根川を流下した榛名山の角閃石安山岩《かくせんせきあんざんがん》を削り加工して壁石に積み上げている特徴的なものである。すでに本古墳群で紹介している長山古墳、大屋敷古墳、さらには金冠塚古墳と同じ構造の横穴式石室である。

ところで、このタイプの横穴式石室は、高崎市の綿貫観音山古墳、総社古墳

昭和30年当時の不二山古墳の墳丘を南から望む
右が後円部、左が前方部

群の総社二子山古墳でよく知られている。さらに追跡するならば、現在の広瀬川流域（古墳時代の利根川）や烏川下流域の六世紀後半の前方後円墳のいずれもが採用していることがわかる。

不二山古墳横穴式石室　羨道から玄室を望む

石材を加工して積み上げるのは、それ以前の横穴式石室には見られなかった手法であり、しかも限られた地域の前方後円墳に認められる。このことから、その築造に共通の石室築造技術者が関与していたことが考えられてくる。もう少し踏み込むなら、これらの前方後円墳に関わる豪族層の間に強い政治的結び付きがあったことが言えそうである。

不二山古墳の石室は、調査時以前にすでに荒らされていたのであるが、それでも豊富な副葬品があったことをうかがわせる出土品である。特に注目されるのは、朝鮮半島系の冠の可能性が高い金銅製の破片である。この他、直刀、鉄鉾、馬具、須恵器等もある。

金銅製冠をはじめとし、半島色の強い豪華で豊富な副葬品の数々もまた、上述した角閃石安山岩削石積《けずりいしづみ》石室を持つ前方後円墳に共通した特色である。これらの豪族層の動きに思いをめぐらすなら、興味は尽きることがない。

朝倉・広瀬古墳群⑪前橋二子山古墳

■前橋市文京町三－二－六

幅三〇メートル壮大な周壕

前項の不二山古墳とともに朝倉・広瀬古墳群の最西端にある。天川大島の松並木の通りの西端を市街地方面に向かって斜めに左折してしばらく行った道路右側にある。現在は、県立文書館と東西に隣り合わせとなっている。

古墳の名前に「前橋」がついているのは、通称の「二子山」という名称の古墳は方々にあり、前橋市内でも国指定史跡として総社町にもう一つ二子山がある。それを「総社二子山古墳」、こちらを「前橋二子山古墳」として区別しているわけである。なお、現在は文京町だが、かつては天川町に属していたので、別名「天川二子山古墳」とも称されている。

本墳は、非常によく残っている前方後円墳である。墳丘の全長が約一〇四メートルあり、後円部の高さは一一メートルを測る。ほとんど元

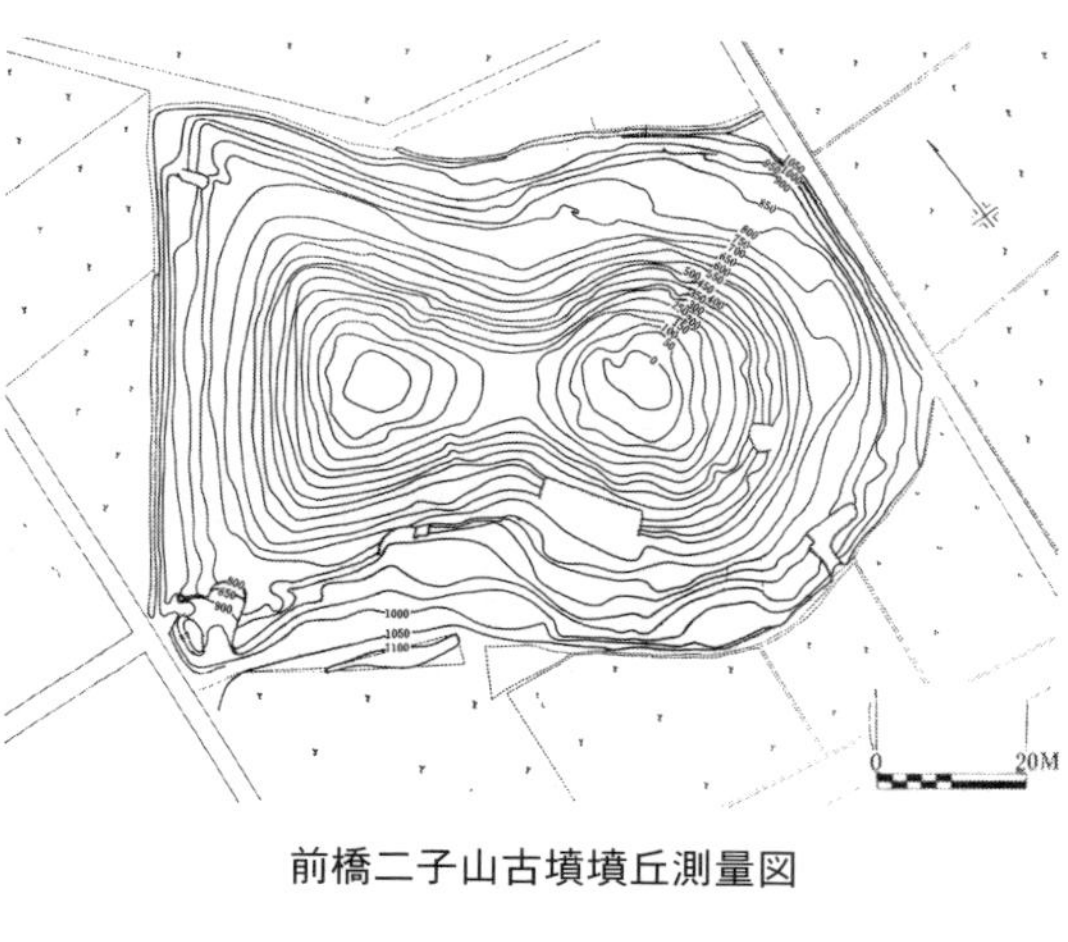

前橋二子山古墳墳丘測量図

の形状を残していると言ってもよい。二段築成の段もまたよくわかる。ただし、これまでに本格的な調査が行われていないので、内容についてはわからないところが多い。西側の文書館の建設に先立って古墳周辺の調査が行われ、周壕の一部が見つかっている。それによると、前方部の西側は幅三〇メートル近い壕が設けられていたことがわかる。

二子山古墳の築造場所は、旧利根川（現広瀬川）右岸の平坦地である。そのため墳丘のほとんどすべてが人工の盛り土であることが推測される。この盛り土の材料は、墳丘の周囲にめぐらされている壕を掘削することによって生み出された土が供されるわけである。これだけの墳丘を造るためには、壮大な周壕を設ける必要があったことは間違いない。また、整美な壕をめぐらせば、墳丘をいちだんと豪壮に見せられるので、一石二鳥の効果があったわけである。

従来本墳は、六世紀後半の横穴式石室を主体部とする前方後円墳と推測されてきた。ところが、前述した文書館建設に際しての周壕調査で、壕を埋めている層序のなかに六世紀中ごろの榛名山噴火に伴う層が確認された。少なくとも噴火以前の時期に築造された可能性が強くなってきた。朝倉・広瀬古墳群、さらには上毛野の古墳時代を考えていく上でも、最重要の古墳の一つなので、今後の基礎的解明がぜひとも待たれる。

前橋二子山古墳全景
南から望む。左が前方部、右が後円部

68

カロウト山古墳

■中川小（前橋市三河町二―一―三）

中川小に「舟形石棺」

前橋市街地の東寄り、国道五〇号のすぐ北側にある中川小学校の校庭の一角に凝灰岩製の石棺が保存されている。これは、もともとは当小学校の南東約一キロの前橋市文京町に所在したカロウト山古墳（前橋3号墳）から見つかったものである。

現在は墳丘は完全に消滅してしまったが、場所は、けやきウォークの北側を通っている県道前橋館林線と県生涯学習センターの東横を北に抜けている市道との交差点の南西側である。明治末年に土取りのために墳丘が崩されたことが消滅の道をたどるきっかけになった。その過程で石棺が姿を現したため、地元の中川小に持ち込まれたわけである。

カロウト山古墳の舟形石棺を小口側から望む
中側の幅は人体がギリギリ入れるだけのスペース

『上毛古墳綜覧』によると、昭和十年の分布調査当時は、まだ墳丘の一部が残存しており、当時の現状で墳丘長約三六メートル、高さ三メートルの帆立貝式古墳とされている。古墳としてはかなり大型の部類に属する。

古墳そのものに関する現地情報は、これのみである。それゆえ、中川小に保管されている石棺は、古墳の実態を知る上で貴重である。石棺は凝灰岩をくり抜いて制作された本体の身の部分である。当然かぶせられていた蓋石が存在したはずであるが、見当たらない。学校に持ち込まれた時点ですでになかったものと思われる。この石棺については、従来、家形石棺と呼ばれる形式に位置付けられてきている。しかし、私はいくつかの理由から、これより古く行われた舟形石棺と呼ばれている形式の可能性を考えている。

まず石棺の規模を見てみると、外法で二・〇九×〇・九八メートル、内法で一・六二×〇・四メートルを測る。問題は内法である。これは成人が納まるギリギリの規模である。家形石棺の場合、人体の規格より少し幅に余裕を持たせたスペースが一般的である。ギリギリのスペースのものは、大型円墳や帆立貝式古墳に伴う舟形石棺に見られる規模である。また、長辺の上端寄りに造り出されている方形に近い突出部の存在も注目される。左右対称で各辺二個認められる。これは縄掛突起と呼ばれる構造である。家形石棺の場合は、縄掛突起が取り付くのは蓋部分のみであり、身には付かないのが一般的。一方、舟形石棺の場合は蓋・身の両方に取り付く場合がある。以上の理由から、カロウト山古墳の石棺は舟形石棺と考えられる。この想定が正しいなら、カロウト山古墳は、五世紀後半に築造された古墳ということになる。

上から見たカロウト山古墳の舟形石棺
縄掛突起の痕跡のふくらみがわかる

69

前橋八幡宮

■前橋市本町二—七—二

町人の街守る神社

各地の古墳の名前を見渡してみると、「八幡山古墳」「天神山古墳」「稲荷山古墳」「観音山古墳」「薬師塚古墳」など、神様や仏様の名前を冠したものが数え切れないほど多い。それゆえ単に「天神山古墳」と言っただけでは、全国各地にたくさんあるので、「それは、どこの天神山古墳？」ということになってしまう。それで、前橋の広瀬団地のところにある本県で一番古い天神山古墳は「前橋天神山古墳」、太田市にある東日本最大の天神山古墳は「太田天神山古墳」と呼び、どの天神山古墳か名前だけで分かるようにしている。

墳丘の上にのる前橋八幡宮

なぜ神様や仏様の名前を冠した古墳が多いのだろうか。それは、古墳の頂上に、後の時代に八幡様や天神様あるいは観音様をまつる地区の社やお堂が建てられたからだ。最初に社やお堂を建てる場所選びをしたとき、古墳の上は、農地にもなっていないし、住宅にもなっていない。それでいて周りの土地より一段高いわけだから格好の場所になったのだろう。

ところで、前橋市本町にある八幡宮の本殿・拝殿の立っている場所が、古墳の上であることをご存じだろうか。旧の西武、現在の前橋プラザ元気21から国道五〇号を南に渡ってすぐのところだ。八幡宮は、前橋が城下町だった江戸時代に総鎮守として栄えた神社だ。この界隈はかって連雀町といって、町人の街としてにぎわっていた。神社を建てる際、街中にあった古墳がちょうどいい具合だったのだ。八幡宮の付近では、埴輪片が拾えることもあるという。八幡宮がのっている古墳に伴うものであることは間違いない。

古墳時代のころ、利根川は前橋の街のすぐ北側を流れていた。今の広瀬川は利根川が流れていた旧流路である。そう言われれば、さきほど触れた元気21の北側は急激に下がる坂になっている。これが利根川の川岸に当たっていたわけである。その川岸に沿って古墳が築かれていたのである。八幡宮の下の古墳は、神社が建てられたために今日まで残ったわけである。

この先、前橋の広瀬川の南側の街中で発掘調査をするようなことがあると、かつて古墳があった痕跡がいくつも見つかるかもしれない。

元気21付近の急坂に旧利根川右岸がしのばれる

今井神社古墳

■前橋市今井町八一八

埴輪の刷毛目で築造期を推定

前橋国際大で私の考古学の講義を受講している学生たちと大学の近くにある今井神社古墳を訪ねたことがある。これは、講義の一環として実施したもので、学生たちに自分の足と目で実際の遺跡・遺物を確認することが、何をさておいても考古学の基本であることを理解してもらうためである。

今井神社古墳は、大学キャンパスから北東に二キロ弱の距離なので、九〇分の講義時間の中で徒歩による往復が何とか可能である。この日は、これ以上ない秋晴れだった。普段これほど歩くことのない学生たちも、桃ノ木川（旧利根川）が形成した低地帯に延々と連なる水田の黄色い稲穂を横目に軽やかに歩を進めることができた。

水田地帯を過ぎた先に赤城山から流れ下る荒砥川があり、これを渡ったすぐ先の段丘縁辺に墳丘長七一メートルの比較的大型の前方後円墳が横たわっている。墳丘主軸を南北に取り、後円部を北側、前方部を南側としている。その後円部の頂上に地元の今井神社がある。この社殿をつくる際に、後円部の上半が削平され

今井神社古墳の後円部を北から望む

たものと思われる。おそらく、その造成工事の際に露出したと思われる組合式石棺の部材が、神社の境内に置かれている。長持形石棺に似せた構造が類推される。

神社占地のために浸食された部分を除けば、墳丘は比較的よく残っている。特に当初の状態をとどめているのは、西側半分で、後円部から前方部にかけてのラインがくっきりしており、段の構造もよくわかる。

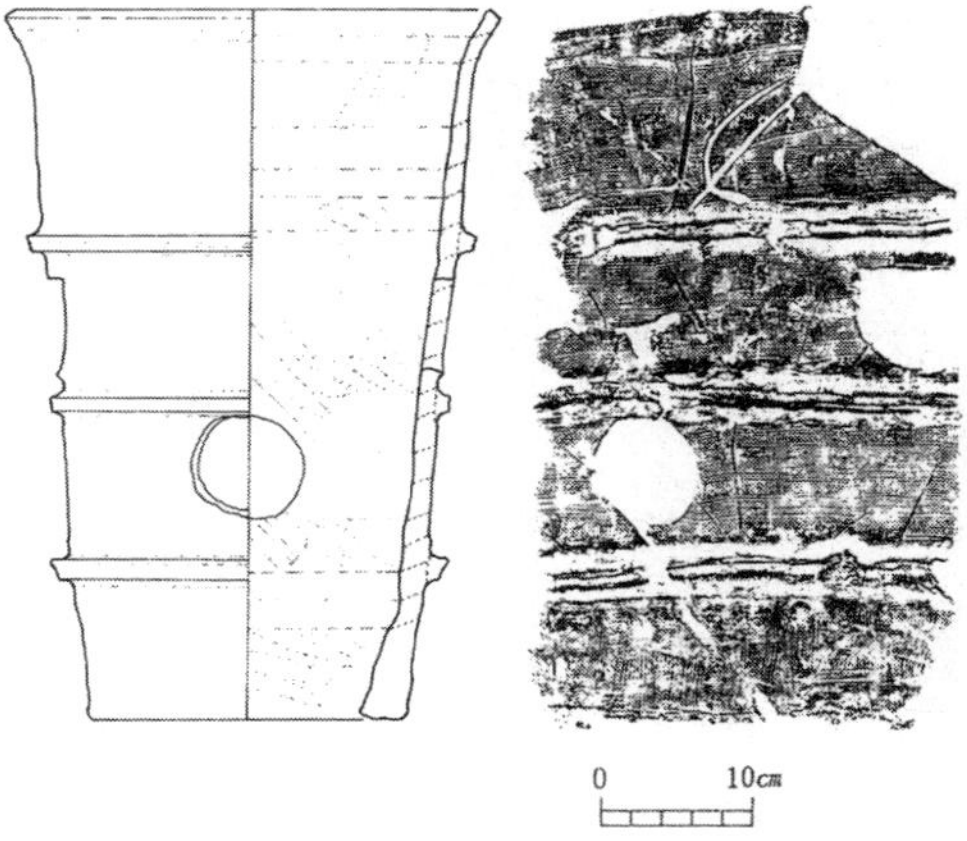

今井神社古墳の円筒埴輪実測図
右側の拓本を見ると横ハケ整形がよくわかる

本墳に伴う円筒埴輪が採集されているが、これを見ると、表面に横方向の刷毛目が確認できる。これは、制作時に埴輪の表面を整形するために薄い杉板等の木口面でなぞるもので、私たちがよく目にするのは、縦方向に施されたものである。これまでの埴輪研究では、横方向の刷毛目がはやるのは、五世紀後半以前が中心とされている。今井神社古墳の築造時期を考える際に、組合式石棺とともに目安になるものである。

後円部に鎮座する今井神社の祭神は、学問の神様・菅原道真公（天神様）である。古墳観察と併せて神社の方もお参りしておいたので、学生たちや私に御利益があることを期待して帰途に就いた。

大室古墳群

■前橋市西大室町

赤城山南麓に君臨

　群馬県を代表する赤城山《あかぎやま》は、南側に広大な山裾を挟んで関東平野を見下ろしている。この南麓域が古代の勢多郡に当たる。そのほぼ中心寄りの地に大室古墳群は位置している。想定される勢多郡域には、大室《おおむろ》古墳群に匹敵するものは、他に見当たらないので、この古墳群の勢力が、赤城南麓を領域とする在地勢力であったと考えられる。

　大室古墳群の南西方は、前橋市二之宮町であり、ここに二之宮赤城神社がある。ここから見る赤城山の眺めは、山容が非常に均整が取れていて美しい。平安期の中で赤城神社は中腹の三夜沢に立派な社殿を構え栄えるようになり、こちらが徐々に本社の扱いになっていく。本来は赤城山自体をカミとあがめていたわけだから、最も眺めがよい二之宮赤城神社の付近で関係する祭儀が行われた可能性が十分ある。実際、神社の周辺一帯は、古墳時代以降の遺跡の大密集地帯であり、勢多郡域の中心的なエリアであったことは間違いない。そして、この勢力の奥津城《おくつき》が大室古墳群だったわけである。

大室古墳群空中写真

　大室古墳群を構成するのは、前二子・中二子・後二子《うしろふたご》古墳の三基の後期大型前方後円墳である。三基相互の位置関係は、いちばん南側から北西方向に向けて順に前二子古墳（墳丘長九四メートル）、中二子古墳（一一一メートル）、後二子古墳（八五メートル）となっている。いずれも主軸を東西、後円部を東側に取っているので、あたかも西から東に向けて雁行《がんこう》していくかのようである。古墳の時期は、前二子古墳が六世紀初頭、中二子古墳が六世紀第２四半期、後二子古墳が六世紀後半である。古

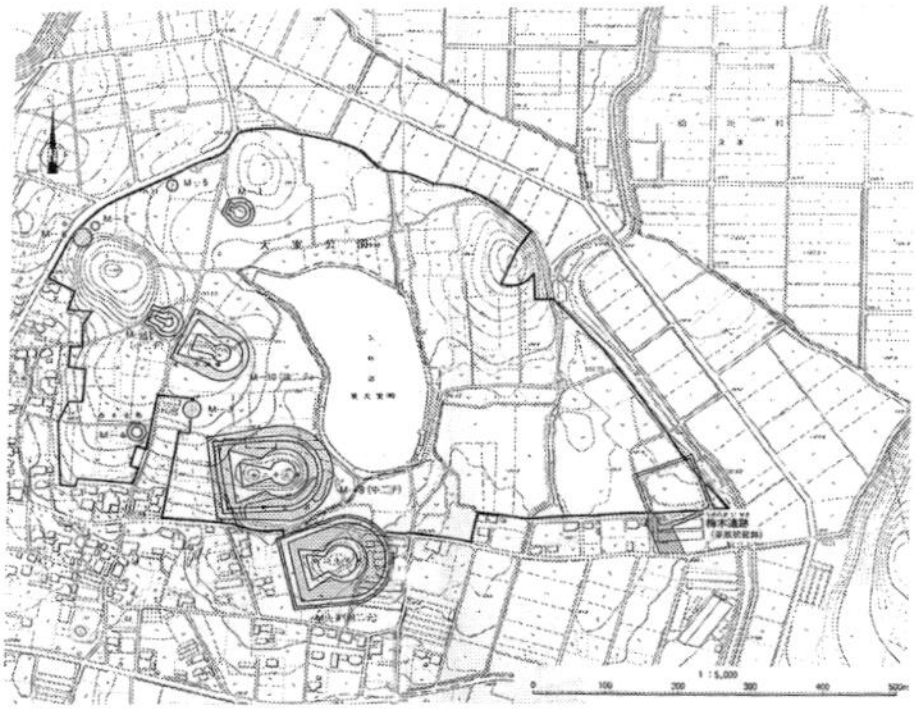

大室古墳群とその周辺
手前から奥へ順に前二子・中二子・後二子、後二子の左が小二子古墳

墳名は地元の通称であるが、あたかも時期的関係を知っていたかのごとくである。赤城南麓には、その前代に当たる前期〜中期前半の顕著な有力古墳は見当たらない。六世紀に入って勢多郡域の地域的統合をはかる中で飛躍的な成長を遂げていった勢力と考えることができる。

　大室古墳群の最初の発掘調査は、明治十一（一八七八）年に地元の国学者井上正《まさ》香《か》らを中心にして行われたのが最初である。その記録が残っている。調査はかなり周到に行われており、横穴式石室を検出した前二子古墳、後二子古墳については副葬品出土位置の概念図が表されており、貴重である。中二子古墳については、主体部探索は行われたが、見つけることはできなかった。この情報を聞きつけた当時の英国外交官アーネスト・サトウがわざわざ当地を訪れ、出土遺物を実見するとともに関係者から聞き取りをした調査記が残されており、非常に興味深い。

72

前二子古墳①

■前橋市西大室町二六五七ー四ほか

石室内に鉤状鉄製品

前二子古墳は、六世紀初めの築造と考えられ、大室古墳群形成の端緒を飾るものである。引き続き中二子、後二子の大型前方後円墳が周辺の中小古墳とともに築造される。赤城南麓（古代の勢多郡）の一帯を支配していた豪族の奥津城として間違いない。

この大室古墳群を含めた大規模な公園整備の具体的な動きが昭和六十年ごろから始動し、その流れの中で、大室古墳群の大がかりな発掘調査が行われることになった。調査の開始とともに調査検討委員会が発足し、私もその委員の中に加えてもらったので、以来一〇年近くに及ぶ古墳群調査に関わることができた。前二子古墳については、平成四年から実施された。調査前から全国的に有名な古墳だったので、その進展に大きな期待が寄せられた。その結果、期待に違わぬ多くの新知見が得られた。

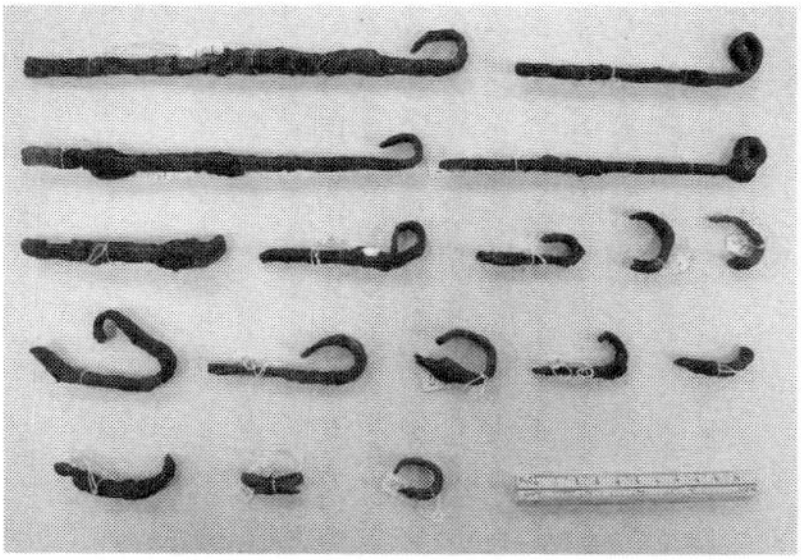
前二子古墳の石室から見つかった鉤状鉄製品

ところで、当古墳に対する発掘調査は、既述の通り早く明治十一年に地元の人たちによって行われている。発掘された石室内は、調査後に本来の半分近い高さまで埋め戻されていた。今回その土砂がすべて取り除かれ、当時の姿が再び現れた。その際、調査を担当した前橋市教育委員会の前原豊さんたちが、石室内の観察を進めたところ、石室奥部の壁面の二カ所に鉤《かぎ》状の鉄製品が差し込まれているのを新たに発見した。その後、最近、前原さんと小島純一さんと私の三人で、再度、壁のすき間というすき間を徹底的に調べたところ、さらに四カ所、都合六カ所で鉤状鉄製品が差し込まれていた箇所を見つけ出すことができた。

　ところで、この壁に差し込まれた鉄製鉤は、全国的にも、さほど多くはない。高崎の綿貫観音山古墳、八幡観音塚古墳、さらに奈良県の藤ノ木古墳でも見つかっている。その用途については、石室内の遺体の上に天蓋をつるすか、まわりに幔《まん》幕《まく》状の布を吊り下げて巡らすためのフックの可能性を指摘した橿原考古学研究所長菅谷文則氏の解釈は卓見である。

百済武寧王陵の墓室壁面に打ち込まれていた鉤状鉄製品

　過日、韓国に滞在し、百済の武寧王陵(五二三年に死去)の資料が展示されている国立公州博物館を友人の成正鏞《ソンジョンヨン》さん(忠北大学)に案内してもらった。武寧王陵は一九七一年に発掘調査され、程なくして刊行された報告書には、鉄鉤の存在は記されているが、具体的な内容は明らかでなかった。今回、最近完成した武寧王陵の再検討の大冊の報告書を頂いた。その場で、パラパラとめくると、壁面に差し込まれている鉄鉤の写真が次々と目に入ってきた。武寧王陵以外にも類例が朝鮮半島で認められることもあるので、前二子古墳の鉄鉤のルーツは半島につながり、さらにその淵源は古代中国にまでたどり着くことを確信した。

73 前二子古墳②

死者と別れ惜しむ殯屋？

昨今、亡くなった人を葬送するプロセスは、随分簡易になったなあと感じる。私の子供のころ、道を行く葬列に何度となく出会ったことを思い出す。関係者がさまざまな葬送の道具を分け持ち、悲しみに打ちひしがれながら、ゆっくりと列をなして歩を進める。亡くなった人の自宅から、みんなであの世へと送ったのだろう。

最近は、葬儀の参列者や坊さんも「〇〇ホール」に足を運んでくれるので、居ながらにしてすべて済んでしまう。列をつくってあの世に送り出す必要もない。葬儀の当日に初七日もという簡易さである。

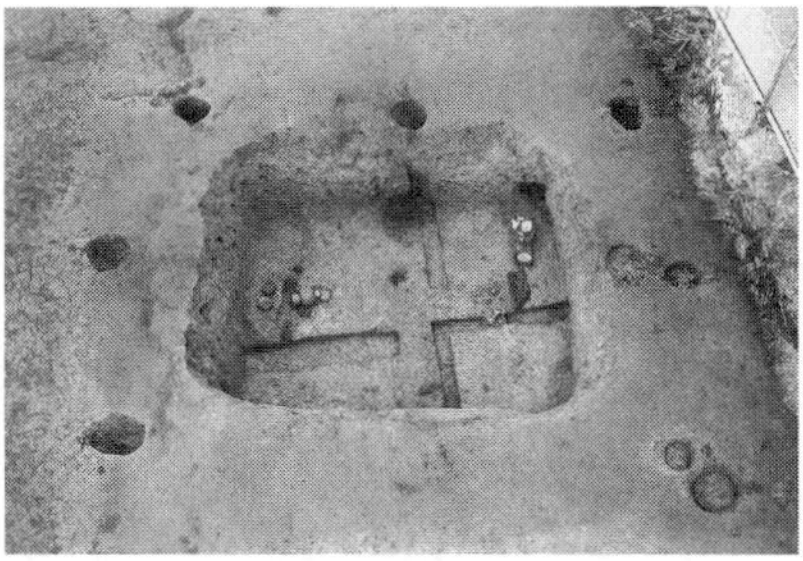

多田山遺跡群の調査で見つかったモガリ施設

古墳時代では、亡くなった人を古墳に葬るまでにはかなりの月日を要した。もうだいぶ前になるが、北朝鮮の総書記が父親の死に際して、相当の長期間喪に服したことが、なにか不可解なことのように報道された。しかし、この行為は、かってはごく当たり前のことだった。亡くなった人を墓に葬るのは、一連の葬送の最終的な行為である。肉親の死をなかなか認めたくない。もしかしたら生き返るかもといぅ強い思いが底流にある。当時の人々がいのちを非常に尊んでいたことをよく示していると言っていいだろう。

　前二子古墳の場所から東方に目をやると、多田山丘陵の高台が望めた（過去形にしたのは、現在は削平されてなくなってしまったので）。その丘陵の頂上を県埋蔵文化財調査事業団が調査した際、今まで見たことがない不思議な遺構が見つかった。それは、三×三・六メートルの長方形で、深さ一メートルの竪穴状遺構。一見住居跡のように見えるが、人が住んでいた痕跡は全くない。代わりに、底面の中央に、長さ二メートル、幅〇・八メートルの長方形の浅いくぼみがあり、その一方に接して土器が複数置かれていた。土器は前二子古墳と同じ時期である。この竪穴遺構の外回りには六本の柱穴があり、竪穴を覆う上屋があったことが分かる。この竪穴の壁は、真っ赤に焼けていた。必要がなくなり、上屋もろとも燃やされたらしい。

　この不思議な遺構の調査の真っ最中に九州大学の田中良之さんと現地を訪れた。調査担当者の深澤敦仁さんの熱い説明を聞きながら三人の頭の中には、「もしかして、前二子古墳の被葬者の殯屋《もがりや》の跡では」という思いがゾクゾクしながらよぎっていた。亡くなってから墓に埋葬されるまで、竪穴の中央のくぼみのところに棺が仮置きされ、本埋葬を待機した可能性である。眼下で進行した前二子古墳の築造を見守るかのように。その期間は何カ月にも及び、人びとが、前二子古墳の被葬者のいのちを惜しむ日が長く続いたものと思われる。

前二子古墳石室
入口側から奥を望む。複製の副葬品を復元的に並べてある

74

中二子古墳

■前橋市西大室町二六二七―四ほか

墳丘の残りのよさは天下一品

群馬県で最もよく残っている前方後円墳は?と問われたら、中二子古墳をあげたい。全国に出しても、他の良好な古墳とくらべて少しもひけを取らない。近年の大室古墳群の一連の史跡整備事業の中で、中二子古墳の順番がまわってきたとき、整備に際しては墳丘はそのままの状態で保存するという方針が出されたほどである。

本格的な調査が行われる以前、本墳の周壕には水が満々と湛えられていたので、そのイメージが強い人も多いことだろう。しかし、これは本来の姿ではない。この状態は、後世にため池として利用していたための姿であり、発掘調査をしてみると豪壮な堀があったことは間違いないが、堤を挟んだ二重の空堀であったことが明らかになった。その堤上からは埴輪列が確認されている。その円筒埴輪列中に盾持人埴輪が適当な間隔で置かれていたことがわかり、その状態が復元されている。

中二子古墳墳丘を前方部南西側から望む

古墳群の中で主体部が見つかっていないのは本墳だけである。最初の前二子古墳と最後の後二子古墳が横穴式石室なのだ

中二子古墳南側の中堤上に復元配置された埴輪列
手前寄りに盾持人が見える

から、その間に来る中二子古墳も横穴式石室で間違いないところである。しかし、今回の一連の発掘調査の中で丹念に探索したが、どうしても見つからなかった。探索は基壇面上の第二段を中心に実施したところだが、あるいは基壇（第一段）に造られている可能性も考える必要がありそうである。

　大室古墳群の三基の前方後円墳の中で、中二子古墳が最も大きい。しかも、周壕・中堤も墳丘に見合った立派なものである。三基の中では、前方後円墳造りに最も力が入っていたことがわかる。このことは、六世紀第２四半期を前後した時期の大室古墳群の勢力が、非常に優勢であったことを物語っている。中二子古墳の後にくる後二子古墳は、墳丘の長さ、高さともに大幅に縮減している。後二子古墳に近い時期の他地域の前方後円墳と比較してみると、綿貫観音山古墳、総社二子山古墳、観音塚古墳が大きく凌駕《りょうが》しているのがわかる。大室古墳群では、中二子古墳をピークに、その後、勢力を減退させていっている可能性が強い。中二子古墳に比べて後二子古墳の埴輪がやや貧相なのも、この辺の事情と関係しているのかもしれない。

75

後二子古墳

■前橋市西大室町二六一六ほか

古墳の正面観はどこか

前二子古墳、中二子古墳の占地場所を見てみると、高台の南端に位置しているのがわかる。自然地形をうまく取り込んで墳丘を造る常套手段である。南側から墳丘を望むと、注ぎ込んだ労力以上に大きく見せることができるわけである。これに対して、後二子古墳は、高台の北端部分に位置している。そのため、前・中二子古墳とくらべて、南側から望むと非常に貧相に見える。そうでなくとも規模そのものにかなり差があるので尚更である。

ところで、横穴式石室を主体部とする六世紀の前方後円墳では、石室の入口部がある南側からの視角が正面観となっていたことは間違いない。石室入口前を中心に儀礼等が行われるようになるからである。それにしては、後二子古墳の場合、南側からでは貧相に過ぎる。ところが、墳丘の背後に当たるであろう北側にまわってみると、北側へ大きく下がる地形を巧みに取り込んでいるので、南側からとは全く別と言ってもいいほどの立派な墳丘として目に映る。後二子古墳の築造者は、どのような効果を狙

後二子古墳墳丘を南東側から望む
南西側からだと墳丘は高くない

っていたのだろうか。

横穴式石室の調査では、興味深い事実が判明した。すなわち、石室入口前の両側から、何らかの儀礼に使用したと思われる土器類が数多く出土している。ご飯茶碗のような役割の土師器坏《つき》が最も多く、煮炊き用の甕《かめ》もある。また、土器が出土した近くの地面が焼けていることも注意される。おそらくここで調理を行い、それを供献したり、参会者が共食する葬送儀礼が執り行われたものと思われる。

後二子古墳石室入口部
入口前に墓道があり、その両側に墓前祭に使用された遺物がある

『古事記』のイザナギ・イザナミ神話を読むと、亡くなったイザナミが忘れられないイザナギが、イザナミを黄泉のクニへ迎えに行く話が出てくる。すると、イザナミは「黄泉のクニ」の食事を食べてしまった（＝ヨモツヘグイ）ので帰ることはできない、と告げる。後二子古墳の石室前での調理されたものは、横穴式石室の中（黄泉のクニ）の被葬者にヨモツヘグイとして供えられるものであったかもしれない。もちろん、葬送儀礼の参会者が、儀礼終了後、直会《なおらい》として石室入口前で共食したものは、ヨモツヘグイではなかった。

こんな想像をしながら見学していると、古墳時代の歴史空間の中に身をおいている気分になってくる。

76

小二子古墳

■前橋市西大室町二一四二

史跡整備では積極的復元

後二子古墳の史跡指定名称を見ると、「国指定史跡後二子古墳並びに附《つけたり》小古墳」となっている。この「附小古墳」が、後二子古墳の西側に隣接する小二子古墳のことである。「附」というのは、文化財指定の中に時々見かけることがあるもので、単独で指定するほどではないが、指定する文化財にとって大いに意味があるものので十分保護していく価値はある、と言ったようなニュアンスである。築造時期は、後二子古墳とほぼ同じ六世紀後半である。

この小二子古墳は、発掘調査前には、三二子古墳と同様に墳丘の残りが非常によいもので、これまで発掘調査が及ぼされる機会はまったくなかった。この古墳への基礎調査実施の順番がまわってきたとき、全体をしっかり調査し、積極的な整備をしていこう、という方針が調査検討委員会で決められた。おそらく主体部である横穴式石室も良好に残っており、手付かずである可能性も期待された。

ところが、調査が進んでいくと、石室の中心部分が、構成石材もろとも完全に破壊されてしまっていることがわかってきた。調査担当者をはじめとする関係者の落胆ぶりは

小二子古墳を南東側から望む

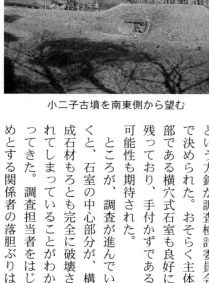

大きかった。掲載されている写真は、横穴式石室の調査が終了した時点の全景である。石室の玄室については、主要石材のすべてが持ち去られ、その背後から補強していた裏込構造の細かい石が残るのみであった。これに対して、外から玄室に通じる羨道部分は、天井石は失っていたが、それ以外は非常によく残っていたのが救いであった。というか、このように良く残っている羨道構造は、今まで見たことがない。遺骸の埋葬後に閉じた羨道部の閉塞構造が、当時のままに完全に残っていたわけである。石で念入りに閉塞した後、石の隙間および前面を粘土で完全に封じる徹底ぶりである。古墳時代の人たちが、埋葬後、黄泉の世界（あの世）を完全に遮断しようとした意図がよく伝わってくる。

小二子古墳石室を南側から望む
入口部の閉塞構造がよくわかる

　主体部にくらべると、墳丘の周囲と墳頂部に配置された埴輪列は、比較的良好に残っていた。小二子古墳は、一種の帆立貝式古墳であり、墳丘長三八メートル、後円部径約三〇・四メートルを測る。前方部が未発達である点に帆立貝式としての特徴を示している。

　調査後の整備に際しては、埴輪配置復元を積極的に行っている。復元案では、後円部頂上に複数の盾・大刀・さしば形などが縁辺部に列をなしてめぐり、前方部頂上には人物群と馬が墳丘長軸方向に列をなして配されている。この配置形態は、赤城南麓の特徴的なあり方を示すものである。

77

白藤古墳群

■前橋市粕川町膳

畑より低い墳丘の円墳群

赤堀茶臼山古墳の位置から、さらに北へと歩を進めてみる。赤城山の南麓斜面を徐々に上へ上へと登っていく感じである。やがて、この山麓を西から東へと縫うようにつなぐ上毛電鉄と交わる。昭和三（一九二八）年に開業したこの鉄道は、赤城山とともに昭和の時代を見届けてきた歴史の生き証人である。案内する白藤古墳群へは、秋の一日を上電にゆられて車窓からの紅葉を楽しみながら最寄りの下車駅、膳駅へと向かうことにする。

白藤古墳群空中写真

膳駅で降りたら、案内板に従ってまず室町～戦国期にかけての城跡である膳城へと立ち寄りたい。周囲にめぐる堀がよく残る。さらに、その北側にある粕川歴史民俗資料館に入れば、白藤古墳群をはじめ、周辺一帯で出土したたくさんの資料を見学することができる。

今回の目的地、白藤古墳群は、膳城・資料館の北方にある八幡神社と龍源寺の北側に広がるなだらかな丘陵に所在している。ところで、古墳群と言いながら、一帯を歩き回っても古墳の墳丘はいっこうに見当たらない。その理由は、群を構成している一つ一つの円墳が非常に低い墳丘を特徴としており、付近の畑の下にすっぽり埋まってしまっているからである。このような古墳群の存在が知られるようになった最初の事例の一つが白藤古墳群である。

調査中の白藤古墳群を南から望む

　掲載した写真を見てもらいたい。昭和五十六年から六十三年に付近一帯で大規模な土地改良事業が行われた際に、工事で消失してしまう部分について発掘調査をしたところ、見つかった古墳群である。直径が一〇～二〇㍍の円墳が額を寄せ合うように見つかった。古墳の周囲にめぐらされている小規模な堀の掘削に伴って生み出された土が墳丘の盛土に供されたわけだから、当然あまり高さを確保できなかったことになる。その後、年月の経過とともに徐々に削られてしまい、存在すらわからなくなってしまったわけである。

　調査担当者の小島純一さんから調査の情報を教えてもらった私は、貴重な調査成果を見逃すまいと期間中に何度も現地を訪れた。掲載した写真を往時をイメージする手掛かりにして付近を実際に踏みしめてもらえたらと思う。ちなみに、古墳群が形成されたのは、五世紀後半から六世紀前半にかけてで、すべて竪穴式系の埋葬施設である。

鏡手塚・壇塚古墳

■鏡手塚：前橋市粕川町月田二二三一一　壇塚：同粕川町月田二〇七

石室に巨大地震の影響？

白藤古墳群の地を後に、丘陵の西側を走る浅い谷をわたって粕川町月田地区のある丘陵へと向かうことにする。北に赤城の山々、南に関東平野の大パノラマを望みながらの散策は、快適そのものである。この丘陵に月田古墳群が所在する。かつては、三〇基以上が存在したが、今は、数えるほどになってしまった。

月田古墳群は、第二次大戦後の早い時期に本格的な調査が行われた。筆者の考古学の恩師である尾崎喜左雄氏が昭和二十三年から二十六年にかけて精力的に調査を実施したものである。その実施には、鎌塚西次郎氏をはじめとする地元の方々の多大な支援があったことを、先生が考古学の講義の中で懐かしそうに話されたのを記憶している。よい調査の裏には、地元の温かい協力・応援はつきものである。

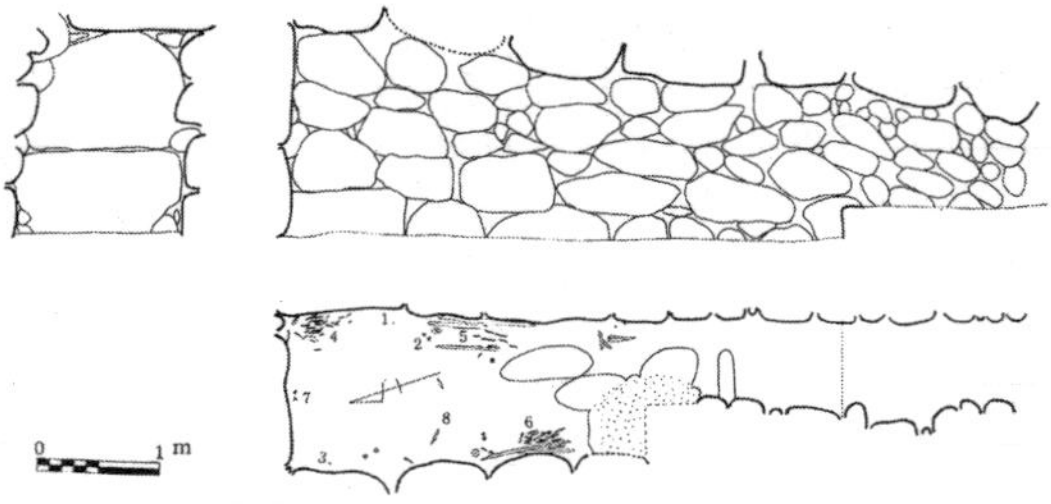

図52　鏡手塚古墳石室

鏡手塚古墳の石室実測図
石室左壁が崩れている

月田古墳群が形成されたのは、六世紀後半から七世紀にかけてで、白藤古墳群から墓域をこちら側に大きく移した可能性がある。古墳の主体部が横穴式石室になり、大量の石材が必要になったため、粕川により近く、石材が得やすい月田地区が選ばれたのだろう。

　現在、古墳が良好に残っているのは、鏡手塚古墳と壇塚古墳である。月田小学校の北東側に近接している。鏡手塚は、尾崎氏の調査時には、墳丘長二八㍍の前方後円墳と考えられていたが、その後の粕川村教育委員会の調査により、三五㍍以上の規模であることがわかってきた。後円部にある横穴式石室は、入口部が顔を出しているが、中には入れないので、懐中電灯を照らしてのぞき込んでほしい。

　鏡手塚の北側にある壇塚は、直径二五㍍の大型円墳である。こちらも墳丘の形が非常によく残っている。横穴式石室は、鏡手塚より良く見ることができる。やはり中には入れないので、懐中電灯で照らしながら観察してほしい。

　調査時、両墳の石室とも奥に向かって左側壁が大きく内側に迫り出していた。尾崎氏は西側から強い圧力がかかった結果と考え、赤城南麓の他の横穴式石室にも同様のものが認められることから、六世紀中ごろに大噴火した榛名山の影響を想定した。しかし、迫り出している石室の中には、榛名山大噴火の時期より新しいものもあるので、私は、弘仁九（八一八）年に赤城山麓を襲ったマグニチュード約八の巨大歴史地震の影響を推定している。

前橋市旧宮城村市之関前田遺跡で見つかった地震地割れ

79 堀越古墳①

■前橋市堀越町町八六一―一七

終末期における地域の最有力者埋葬

昭和四十七年の夏、私は、松本浩一さんを中心に大胡町教育委員会が行った堀越古墳の発掘調査に、群馬大学の考古学の後輩諸氏を引き連れて参加していた。

私たち学生は、大胡町の街中にある旅館を宿舎に用意してもらい、そこから町の西部にある堀越古墳まで歩いて通った。当時私は、夏休み明けに大学院入試を控えていたため、その日の調査を終えて宿舎に帰ると、学生たちの楽しそうな団らんの声を尻目に、隣の部屋で必死に机に向かっていたのを思い出す。

堀越古墳の場所は、上毛電鉄を大胡駅から前橋方面にしばらく走った右手（北側）の丘陵の上にある。実際に訪れる際は、町の中心から西に延びる県道から南側に少し入り込むことになる。当古墳は、この昭和四十七年の発掘調査が行われる前から横穴式石室が開口していたため、その存在はよく知られていた。ただし、古墳の内容で知ることができたのは、多少の土砂で埋もれていた石室のみであったから、古墳の性格をより詳しく知るためには発掘調査が必要であった。

調査の結果、七世紀後半に築造されたことが明らかになった。掲載した写真は、調査の最終段階の全景写真である。南側から望んだもので、中心に石室の入口部が見える。入口の手前には両側を石積みの壁で区画した台形状の空間が形づくられている。その中ほどに弧状に石列を配しており、手前から一段上がって入口部に達する構造になっている。この入口前の構造は「前庭」と呼称されており、墓前祭祀を行うための空間として造られたものと考えられている。そのことを物語るように、前庭の向かって東側からは、祭儀に使われたと思われる土器が出土しており、火を燃やした痕跡が見つかっている。

掘り上がった堀越古墳全景　南から望む

石室入口部を見てみると、門柱状に三段に石を積み上げた上に天井石が載せられているが、すべてきれいに加工した石材が使用されているのがわかる。この位置から通路である羨道を経て、埋葬部に当たる玄室に至るわけである。その壁面や天井に使用されている石材もすべて加工されている。

七世紀後半の段階には、前方後円墳は造られなくなっている。堀越古墳は、その前方後円墳に匹敵する、地域の最有力者の古墳と考えていいだろう。

当時は、律令体制への移行期であったわけで、堀越古墳の被葬者は、後に古代勢多郡を運営した郡司階層になっていくような地域有力者の可能性がある。

80 堀越古墳②

玄室入口が特別な構造

堀越古墳が造られている場所は、北から南に向けて緩やかに下がっていく斜面上である。赤城山南麓にある横穴式石室の古墳は、このような地形を好んで選定している。このころの古墳は、墳丘全体を四方から望むのではなく、石室入口のある南側からの視覚のみを重視するようになっていたからである。すなわち、南側から望む古墳の姿を正面と考えるようになったわけである。

調査で墳丘の周囲にめぐらされている堀跡を追跡した結果、見つかったのは、墳丘の両脇までで、背後に当たる北側には及んでいなかった。このことからも墳丘の北側は死角と考えていたことがよくわかる。実際、北側から古墳のところまでやって来て、墳丘を見つけたときは、ややもすると何の変哲もない小古墳と目に映る。しかし、そこから南側の正面にまわると、直径二五メートルの見事な大円墳へと変貌する。

横穴式石室の中に入ってみよう。石室は、入口から奥まで、約七メートルの長さを有している。そのうちの手前三・四メートルまでが、羨道

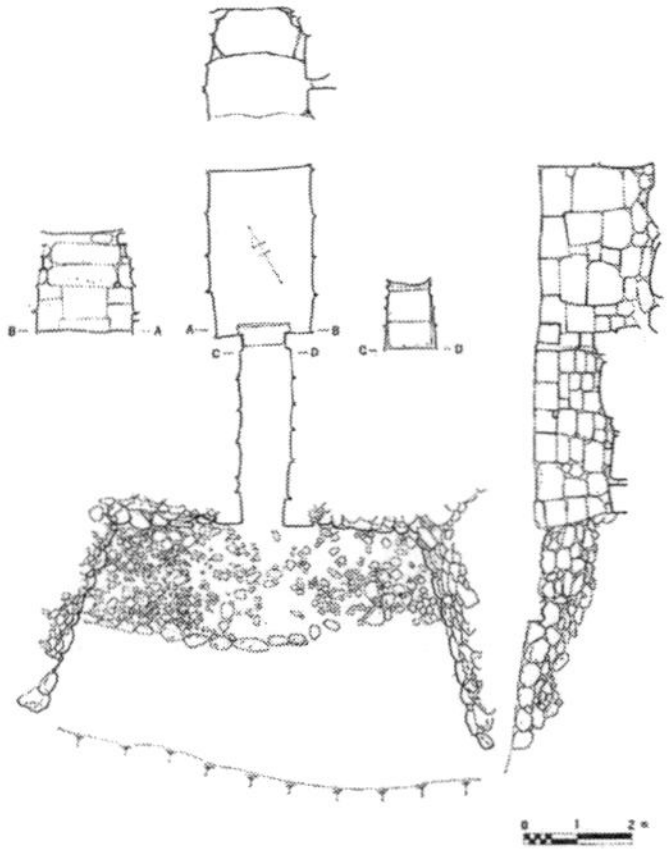

堀越古墳石室実測図

と呼ばれている一種の通路部分であり、その幅は〇・八メートル、高さ一・三メートルほどであるから、体をかがめるようにして入らないと、天井に頭がぶつかってしまう。この羨道の奥側に肝心の埋葬する場所である玄室があり、幅が二メートル近く、高さも二メートル強の広い空間となっている。

　われわれが調査した時点では、本来ならば石を詰めて密閉されているはずの入口・羨道部分が開いていたので、玄室の内部に置かれていた可能性がある木棺や副葬品は失われてしまっていた。もし、石室が手つかずの状態であったなら、木棺は玄室の奥に頭を東にする位置関係で置かれていたと推測される。ただし、これは最初に埋葬された一家の主で、この後に埋葬（追葬）される近親者は、位置・頭位はあまり考慮せず、空いている場所に置かれていったと考えられる。

堀越古墳の玄室入口部を奥から望む

　ところで、羨道側から見た玄室の入口部分には、特別な構造がしつらえられていた。すなわち、羨道の両側壁から内側に五センチほど突出させた門柱状の縦長の石（玄門）が配され、またこの上に載る天井石も羨道の天井面より一段下がる鴨居のようになっている。おそらくこの突き出した部分に板状の石か木製の板を寄せ掛けるように置いて埋葬空間である玄室をふさいでいたのだろう。石室入口部に加えて、玄室も閉じるようになるのは、終末期になってから新たに登場した構造で、中国・朝鮮半島の新たな影響である。

81

白山古墳

■前橋市苗ヶ島町一六五九

「終末期」でも豊かな副葬品

円墳、方墳、帆立貝式古墳など、さまざまな形の古墳の中で巨大な規模を誇った前方後円墳は常に首位の位置を占めてきた。その前方後円墳も西暦六〇〇年ごろを最後に全国一斉に近く姿を消していく。なぜか。地域の有力者が自分の縄張りを直接支配した時代が終わり、近畿地方の政治勢力・ヤマト王権が日本列島のほぼ全域を直接支配するようになろうとしていたからである。当然、各地の支配者（首長）の証しの前方後円墳もその役割を終えることになった。また、中国を基点にした薄葬思想の影響も視野に入れておく必要があるだろう。

ただし、七世紀から八世紀初めにかけて、前方後円墳以外の古墳は依然として造られ続けた。日本列島中が、三五〇年以上の長きにわたりこぞって競い合うように古墳づくりを進めてきたのだから、手のひらを返すように一気にやめることは難しかったのだろう。

私たちは、前方後円墳が消滅した後に造られた古墳を「終末期」の古墳と呼んでいる。

現在の白山古墳
石室奥壁周辺だけが残る

そのような古墳の一つ、前橋市苗ヶ島町（旧宮城村）にある白山古墳を紹介しよう。

この古墳は規模は未確認だが円墳と考えられる。今でも畑に囲まれて古墳が残っているが、主として横穴式石室の残骸に近い姿のみである。

それでも、なんとか残していこうと地元で努力したのは、前方後円墳に負けないくらい大型の横穴式石室だったことと、出土した副葬品が、この時期の古墳としては非常に豊かな内容を誇っていたからである。

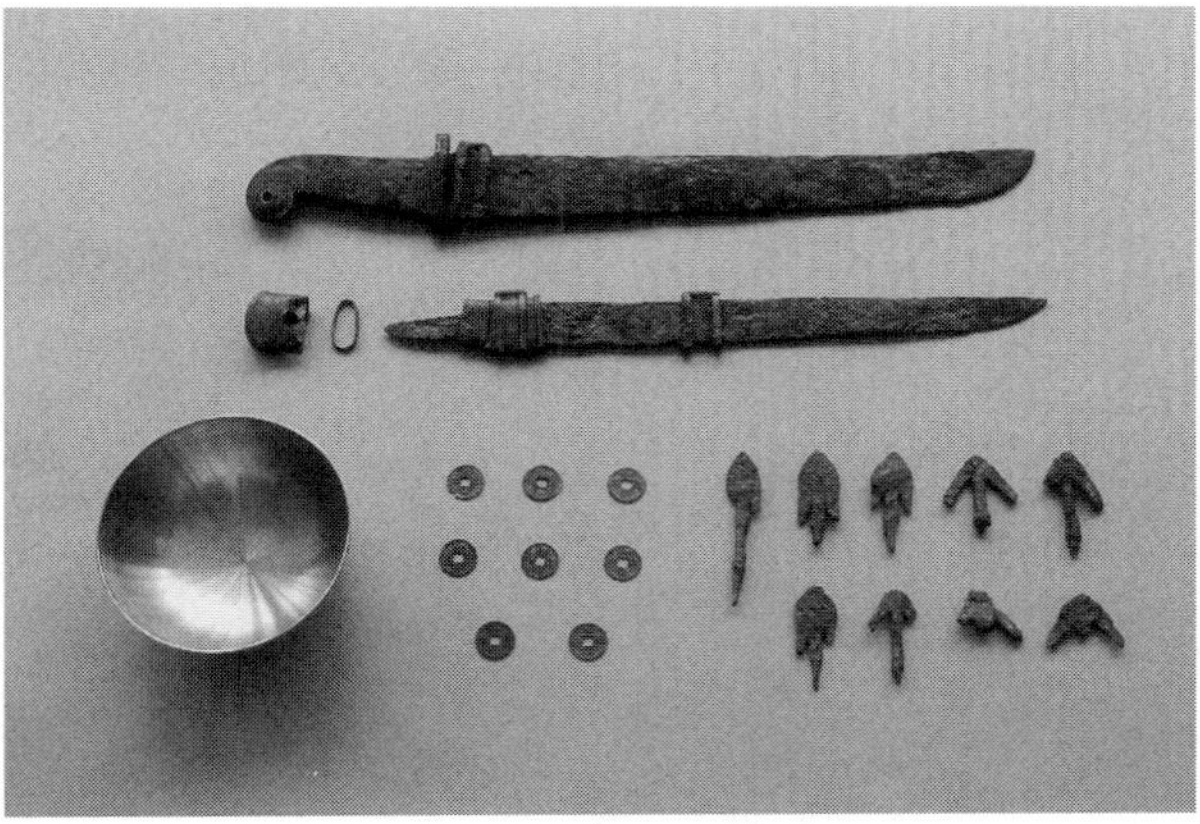

白山古墳副葬品（複製）

主なものを挙げれば、蕨手刀《わらびてとう》（握りのところがワラビのようになっている）、方頭大刀、飛燕形鉄鏃（ツバメが飛んでいるような形の鏃で儀式用）、銅製鋺、そして八枚の和同開珎である。そのいずれもが貴重品で被葬者の地位を示す品々だったと思われる。蕨手刀はこの時期の関東から東北地方の有力者の古墳に伴うもので、軍事的なリーダー層との関わりが指摘されている。

白山古墳の副葬品の中心を占めたのは、これら刀・鉄鏃だったと考えられる。当時、大和朝廷は関東の有力者を編成して、東北平定の軍を盛んに派遣したことが知られている。白山古墳の被葬者も新しい時代の動きの中に身をおいた人の一人だったと考えられる。

なお、本墳の副葬品は現在、奈良国立博物館に所蔵されている。

82

新田塚古墳

■前橋市上泉町新田塚二六九四ー二

七世紀の大型円墳

埼玉県深谷市から利根川を渡り、本県の平野部を斜めに北西方向に抜ける国道一七号バイパス（上武国道）は平成二十九（二〇一七）年三月、全線開通した。その路線は、前橋市上泉町付近で赤城山の山麓部を東から西へとたどっている。その山麓に入った鳥羽口部分の道路際に新田塚古墳はある。

上泉から荻窪の日帰り温泉を目指して北上する道路と上武国道との信号交差点の北東コーナーに古墳はある。上武国道の下り線を注意しながら走っていると容易に気づくだろう。それというのも、この古墳は前橋市教育委員会の測量調査によると、直径約四五㍍、高さ約五㍍のまれに見る大型円墳だからである。周辺一帯は、わずかに人家が散在するのを除けば、広大な畑地帯となっているので、その大きさを一層際立たせている。

平成十九年、上武国道の建設に先立って古墳の南西側隣接地が調査されたところ、古墳の周壕の一部が確認された。壕の外側まで含めるなら、直径七〇㍍近い範囲を墓域としていることがわかった。

本墳の築造時期を知る手がかりがいくつかある。一つは、かつて南に向けて開口する横穴式石室の存在が知られていたことである。実際、古墳の該当場所付近は、墳丘の中央から南に向けて大きく凹んでおり、石室の天井石が取り除かれた結果を推測させる。

横穴式石室であるならば、自ずから六世

新田塚古墳を南から望む

紀から七世紀にかけての時期が大枠として押さえられる。これだけの大型円墳であるのに埴輪が確認できないことも大きな手がかりとなる。埴輪はおおよそ六世紀末で消滅するからである。その結果、さらに築造時期が狭まり、七世紀の所産に落ち着く。七世紀に築造された円墳で五〇メートル近い規模というのは、とてつもなく大きい。被葬者がもし六世紀に亡くなったとしたなら、大型の前方後円墳を造り、墳丘周囲を豪華な埴輪で飾り立てていてもなんら不思議ではない。

　古墳の周辺を見渡して見ると、その西方には、芳賀団地遺跡群をはじめとする多くの充実した遺跡があり、古墳時代から奈良・平安時代にかけて活発な展開があったことをうかがわせる。古代勢多郡の芳賀郷の中心部分に該当する可能性があり、新田塚古墳の豪族は、そのリーダー層であったことが考えられる。

83

正円寺古墳

■前橋市堀之下町三八一

地震で石室崩落か

前橋市街地の東方、同市堀之下町にある六世紀初頭に築造された前方後円墳である正円寺古墳を紹介する。場所は赤城山の山裾で、かつての利根川の流路であった桃ノ木川の左岸（東岸）に当たり、郊外に移転した前橋工業高校の北東側に近接している。

当地に所在している天台宗正円寺の寺域内にあることが、古墳名称の由来である。墳丘の主軸を東西とし、東側を後円部、西側を前方部とする全長約七〇メートルの二段築成の大型前方後円墳である。この大型墳丘を背にするように南側を本堂、庫裏が占めている。その建設の際に、墳丘の南側は、くびれ部から前方部にかけて部分的に削り取られている。

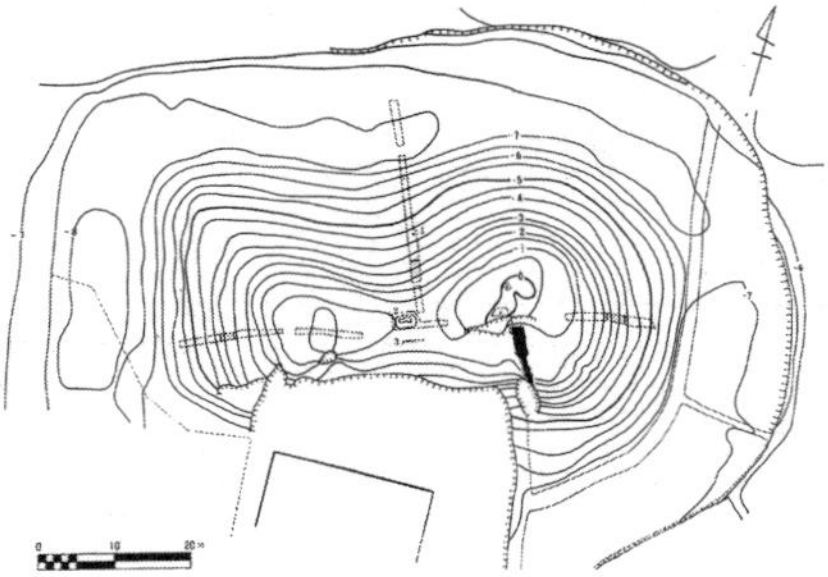

正円寺古墳墳丘測量図
黒く塗りつぶしたところが石室

墳丘の北側にまわると、堀とともに非常に良好な状態で遺存している姿を望むことができる。築造当初の状態からほとんど手つかずであると言っても過言でない。昭和三十二年に群馬大学で部分的な発掘調査を実施しているが、その結果、墳丘の第二段（上段）の表面には全体に葺石が施されているが、第一段（基

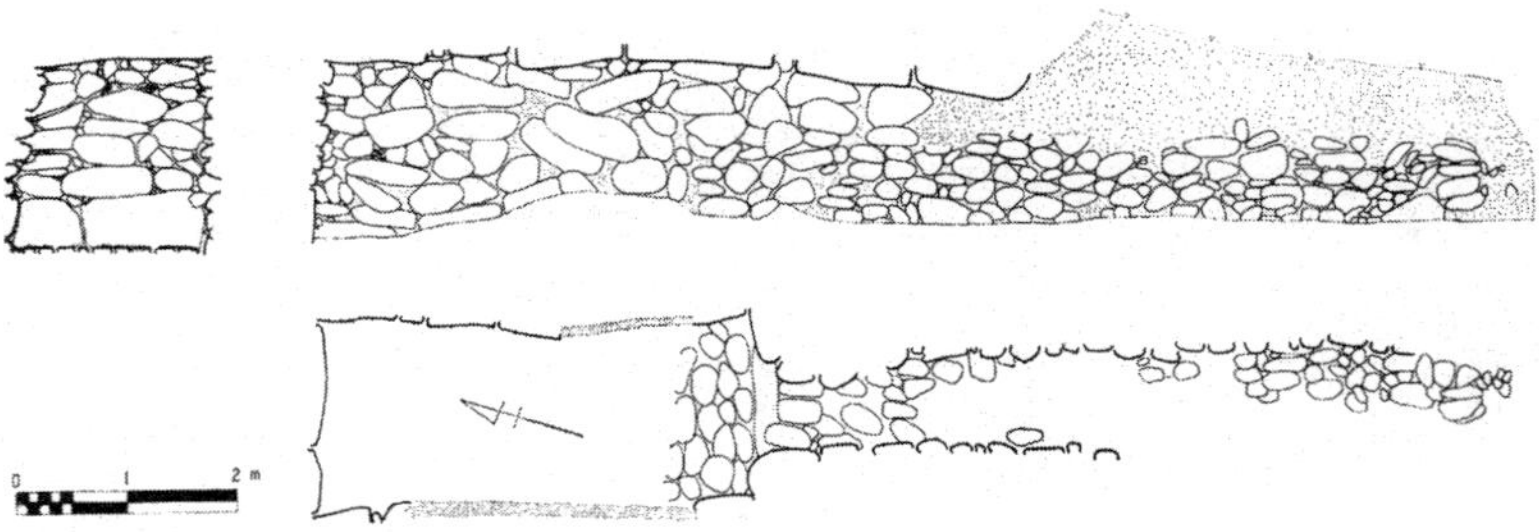

正円寺古墳横穴式石室実測図
石室左壁が崩れている

墳）は盛土のままで、葺石はないことが確認されている。また、墳頂部と第一段の上面からは、埴輪円筒列が見つかっている。

　主体部の位置は、掲載した墳丘測量図の後円部のところに黒く塗りつぶして示してある場所である。上毛野地域では、簗瀬二子塚古墳や前二子古墳とともに最も古い段階に属する横穴式石室である。あまり大きくない河原石を何段にも積み上げて石室の壁体とし、石室幅も一・六五～一・八メートルと、あまり広くとらないのが特徴である。

　ところで、発掘調査時、石室内に入ってみると、奥壁を除くと壁体のかなりの部分を失い、あるいは崩れている状況であった。もともと構造的に堅固でなかったことも原因として考えられるが、最大の理由は、外部から強い圧力が作用した結果にあるのではないかと推測される。赤城南麓の一帯は、弘仁九（八一八）年にマグニチュード八とも推測されている巨大地震が起こったことが、遺跡調査からも文献資料からも確認されている。正円寺古墳石室のかなりの部分の崩落は、この際の作用の可能性が強い。石室は危険なため、調査後埋め戻され、今は見ることができない。

84

塩原塚古墳

最も北にある角閃石安山岩削石積石室

■前橋市田口町五八〇ー一

国道一七号で前橋市街地を北上すると市域北部の南橘地区を通過する。その先は、現在、渋川市北橘町となるが、これは平成十八（二〇〇六）年渋川市と合併した旧勢多郡北橘村で、南橘がこれと対であったことは想像に難くない。旧北橘村の南端寄りに「橘山」という小さい山があり、これが南橘・北橘の地域名称の由来になっているわけである。

旧南橘村は、早く昭和二十九（一九五四）年に前橋市と合併した。当時、その南橘村としての歴史を記録に残しておこうという地域の人たちの思いから『南橘村誌』が編まれた。その中の沿革編に、尾崎喜左雄氏が「古墳の分布と塩原塚」という項を執筆している。

六〇頁にも及ぶ大作であるが、その大半は塩原塚古墳の調査・分析の成果に費やされている。当古墳に関するさまざまな内容が、余すところなく非常に詳細に書かれているので、塩原塚の基本文献として重要である。しかも、記述は塩原塚にとどまらず、この古墳に関係する数多くの群馬県の古墳にまで論及されているので、昭和四十一（一九六六）年に

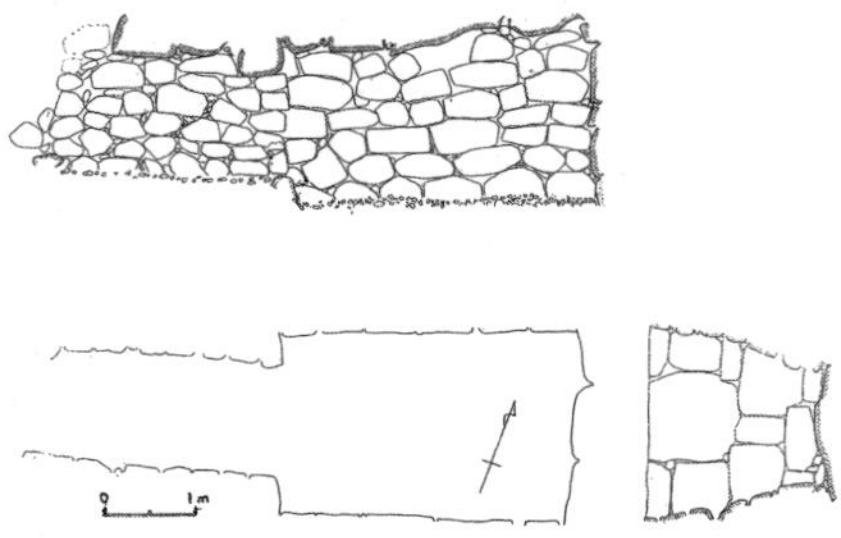

塩原塚古墳石室実測図

不朽の大著『横穴式古墳の研究』へと結実していく横穴式古墳研究の尾崎氏の研究構想を知ることができる貴重な村誌である。

　さて、当の塩原塚古墳は現在の前橋市田口町（旧南橘村大字田口）に所在している。昭和十年の分布調査では未確認だったため、尾崎氏が調査した際に、塩原さんの屋敷地の一角に所在したことからつけられた古墳名である。場所は、国道一七号沿いの田口町の北端、渋川方面に向かって右折してすぐのところである。直径が一四㍍、高さが三㍍の円墳であるが、これは確認された葺石の裾で計測した数値である。実際はこれに、墳丘第一段に当たる基壇面の規模を加える必要があるが、この部分まで調査は及んでいない。これを勘案すると二〇㍍近かったと思われる。

　主体部は、両袖式の横穴式石室で、榛名山噴火の角閃石安山岩を削り加工した石材から構成されるものである。石室全長は約六㍍で、玄室長三・二五㍍、同奥幅二・一㍍の規模である。石室がほぼ完存している貴重な例である。およそ六世紀後半の築造が推定される。

『南橘村誌』に掲載されている塩原塚古墳の石室のようす

　榛名山噴出の角閃石安山岩の削石を使用した石室は、利根川の流路に沿って下流域の板倉町周辺まで認められるが、その最も上流の古墳が本墳である。

85

九十九山古墳

■前橋市富士見町原之郷二七五一

自然地形をうまく取り込み築造

前項の塩原塚古墳へ前橋市街地から向かう少し手前で、国道一七号の「田口町」の信号を右折（東折）してしばらく進むと、右手に通称「九十九山《つくもやま》」と呼ばれる小高い独立丘陵が見えてくる。頂上まで自然の山と思いがちであるが、丘陵の自然地形を非常にうまく利用して、頂上部に前方後円墳が造り付けられているのがわかる。山の通称に因んで古墳は九十九山古墳と称されている。

かつて群馬大学尾崎研究室が地形測量を実施したところ、掲載図に見られるような見事な前方後円墳の墳形が描き出された。本格的な発掘調査は実施されていないので、墳丘裾の区分点を把握することはできないが、およそ墳丘全長六〇㍍、後円部径三五㍍、前方部前幅四五㍍の規模が推定される。前方後円墳としては大型の部類に属するものである。後円部に対して前方部が非常に発達している。この平面形状は、古墳時代後期に属するものの特徴であるから、築造時期を知る手がかりになる。

墳丘の主軸は北西から南東に取られている。平地に造られる後期の前方後円墳

九十九山を北から望む
山の頂上に九十九山古墳がある

ならば、主軸を東西方向とするのが基本であるが、本墳の場合、自然地形をそのまま取り込んだため、その走向に規定されたものである。現在は、前方部の頂上に地区の八幡社が所在しており、その建造の際に、頂上部が若干削られた可能性があるが、本来の形状を大きく損なうほどではない。むしろ、地区の社《やしろ》が鎮座するようになったことが、古墳全体を現在に至るまでしっかり保存できたことにつながったと考えられる。

墳丘の裾を南側にまわると、横穴式石室の入口が見えてくる。現在は、危険性も考慮されてフェンスで囲まれ、中に入ることはできない。墳丘測量図と併載したのが石室実測図であるが、入口部から奥部まで完存しているのがわかる。石室の全長は、約八・五メートルを測る。側壁面を奥へたどると、羨道部と玄室部の区分点となる屈曲部が認められない袖無式という形式に属していることがわかる。ただし、入口寄りは幅狭で、奥半部はだいぶ広くなっており、壁石材が目立って大ぶりになっているので、この境目が羨道と玄室の区分点であったと考えていいだろう。ただし、これら観察所見は、羨道部が土砂の流入でかなり埋没してしまっている状態という限界がある点を考慮する必要がある。

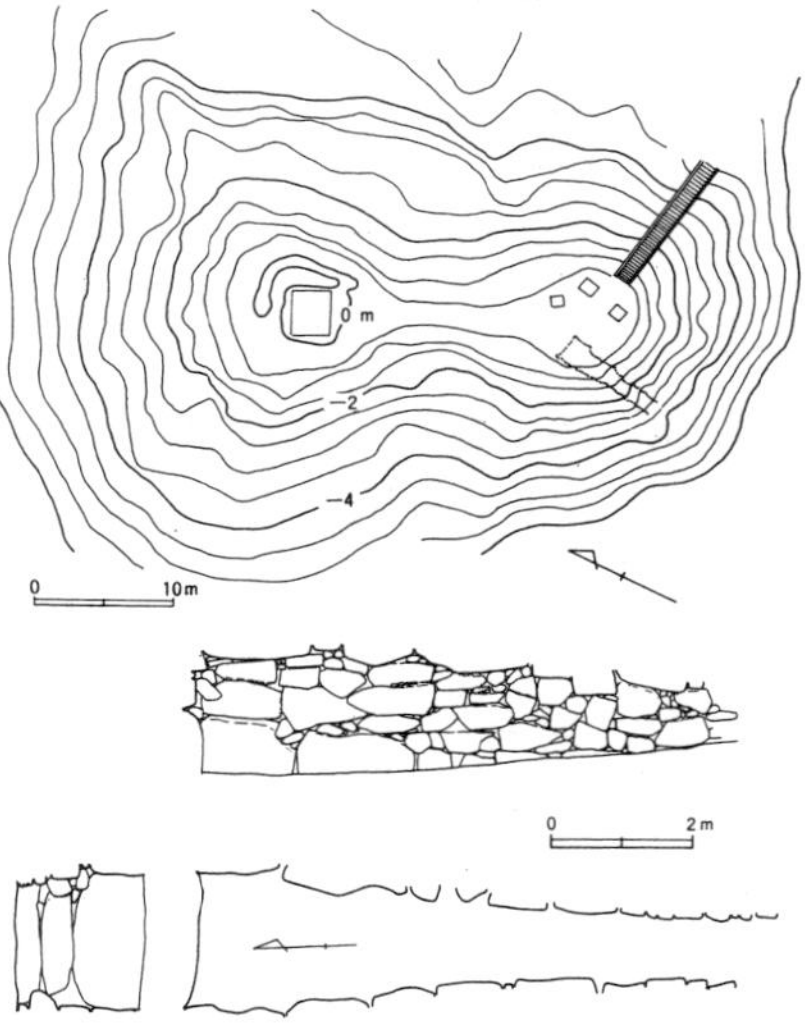

九十九山古墳墳丘・石室実測図

陣場庄司原古墳群

■前橋市富士見町横室

2号墳から充実した副葬品

平成二十三年の元旦は、「古墳見学初め」と銘打って、前橋市富士見町横室にある「横室古墳公園」を訪れた。眼下に前橋の街並み、さらには関東平野を一望できる赤城山の南西麓にあたり、未明にやって来て待機すれば初日の出も拝めたに違いない。

前橋市街地方面から目指す場合、国道一七号を渋川方面へ向かい、田口町のところで右折する。そこから「塩原蚕種」の巨大な三階建ての木造建物を右手に見ながら上りつめると陣場庄司原の広大な平坦地が開け、その奥寄りの一角に古墳公園がある。

もともとはこの高台に八基の古墳が点在しており、平成元年の付近一帯の土地改良事業に伴って、当時富士見村教育委員会の文化財担当だった羽鳥政彦さんを中心に発掘調査された。当初の計画では、調査終了後にすべて削平する予定であったが、そのうちの一つ上庄司原1号墳は、墳丘・石室とも非常に残りが良かったので、そのまま現地に保存することになった。合わせて、天井石は失われていたが、横穴式石室の良好な事例である上

横室古墳公園
手前が移築された上庄司原２号墳、奥が現地保存された上庄司原１号墳

庄司原2号墳・4号墳の石室を、1号墳の隣接地に移築復元した。ここに行けば、旧富士見村の代表的な古墳を一目で見られるということになる。

1号墳は直径が二四メートル、2号墳は二八メートルの円墳で、いずれも六世紀後半に造られたものである。この時期の円墳としては大型の部類に属しているので、地域の有力者の古墳と考えていいだろう。その推定を補強するように、石室内がほとんど荒らされていなかったので、2号墳からは充実した副葬品が出土している。

上庄司原4号墳石室

七世紀に入り、これら二基の大型円墳の後を受けた最後の古墳が上庄司原4号墳である。この古墳の石室は、角閃石安山岩を壁石材として丁寧に加工した切石積で、吉岡町南下E号墳と同様に石材加工や積み上げ作業のための目安線（朱線）が確認された。これは、かすかな残り具合なので、訪れたら発見に挑戦してみてほしい。

ところで、この古墳からは、丸鞆、巡方と呼ばれる銅製の帯金具が出土している。これは律令社会の階層的な身分表示のためのものであり、おそらくその最末端に連なる郡役所の役人だったかもしれない。自慢のベルトを着けて埋葬された可能性がある。

これからの季節でのお薦めは四月初めである。公園にあるたくさんの桜が満開の中での古墳見学もまた楽しい。

87 総社古墳群①

■前橋市総社町・大渡町

六、七世紀上毛野の歴史のうねりを体感

今項から、少し長い道のりとなるが、前橋市総社《そうじゃ》町付近一帯に点在する有力古墳から構成される総社古墳群を訪ねてみることにしたい。実際の行程は、車などを少し利用して移動すれば、まる一日で回りきれるだろう。

まず具体的な見学行程を紹介する。皮切りは、この古墳群の最初に登場した五世紀後半の遠見山《とおみやま》古墳である。次に、川沿いに南へ少し下ったところに所在する六世紀初めの王山《おうやま》古墳を見て、再度総社地区に戻る。ここでは、六世紀後半から七世紀いっぱいにわたって築造される総社二子山→愛宕山《あたごやま》→宝塔山《ほうとうざん》→蛇穴山《じゃけつざん》古墳の順に回るのが、スムーズである。しかも、古墳の造られた時期の古い方から順に回っていくので、古墳がどのように変化していったのかを比較検討できる点でも好都合である。

古墳群そのものの見学は蛇穴山古墳で終了であるが、そのあとは、総社古墳群の目と鼻の先の南西方にある山王廃寺《さんのうはいじ》へ歩を進め、さらにその、南西方にある上野国分寺から、最後は元総社町にある推定上野国府跡で締めくくることをおすすめする。これは、上毛野地域の五世紀後半から六、七世紀を経て、八世紀に至るまでの大きな歴史のうねりを直接的に物語る諸遺跡群だからである。

ところで、この探訪コース、私が大学に入って、考古学を志すようになって最初に訪れたところである。昭和四十三年に群馬大学に入学するや「歴史研究部」というサ

ークルに入部した。そこで六月に行われた新入生歓迎の古墳巡りが、このコースだったわけである。これは、歴史研究部の毎年六月の恒例行事になっていた。考古学入門の格好のメニューだったからだろう。実施日の二週間くらい前から、新入生が訪れる古墳・遺跡を分担して調べ、これを合わせて詳細な見学資料集を作成した。現地を実際に訪れるまでに、予備知識が詰め込まれているわけである。

　いよいよ、実施日の前日、大学の一教室に参加者が集合し、歴史研究部の顧問・指導者で、古墳研究の大家の尾崎喜左雄先生から、総社古墳群と周辺の諸遺跡についての特別講義をしてもらった。その中で、「現地を訪れたら、古墳の隅々までよく観察しなさい。この一回にとどまらず、何度も何度も訪れなさい。そのたびに、新しい発見が必ずあるから」という先生の言葉が、今でも耳に焼き付いている。

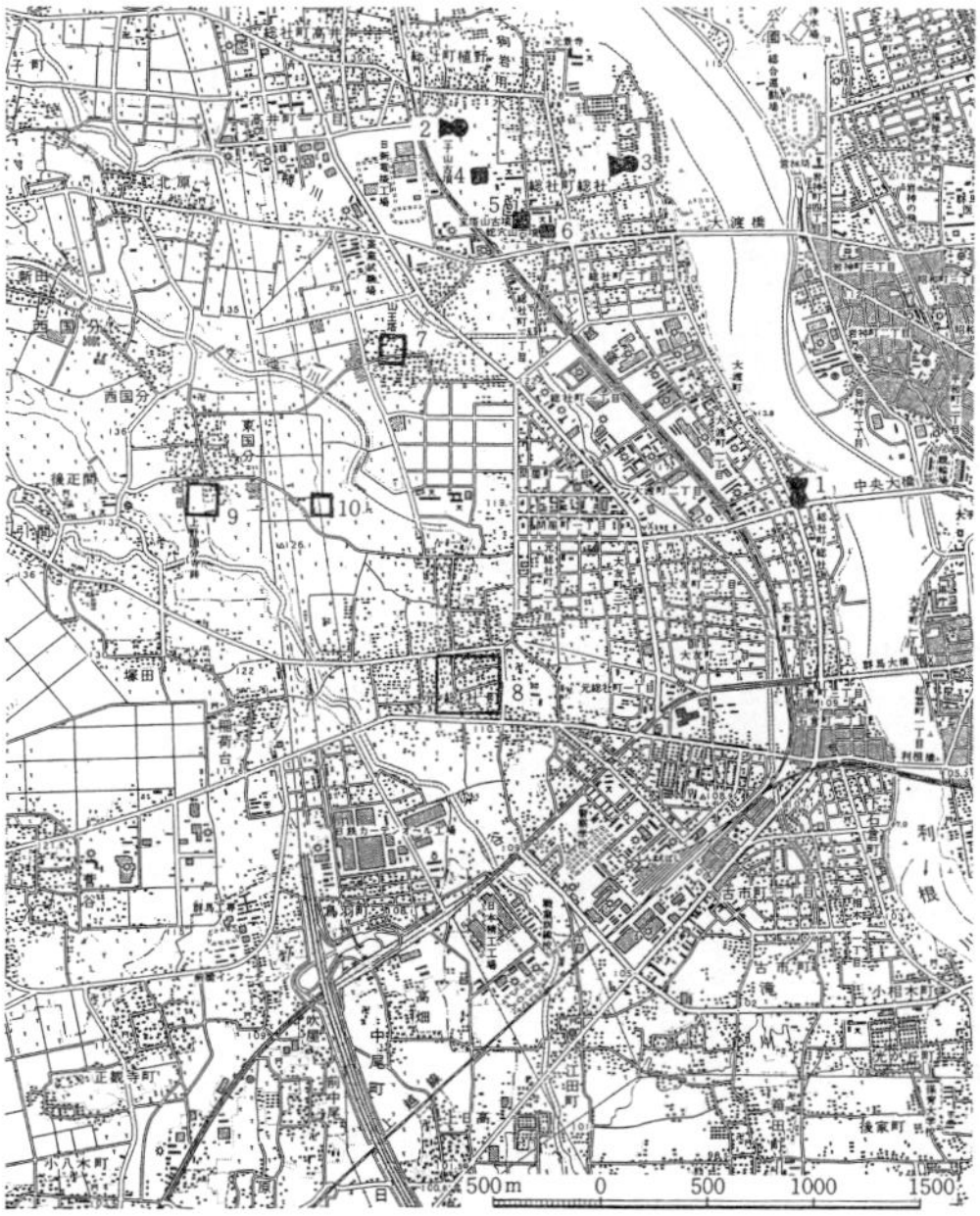

総社古墳群とその周辺
1.　王山古墳　2.　総社二子山古墳　3.　遠見山古墳　4.　総社愛宕山古墳
5.　宝塔山古墳　6.　蛇穴山古墳　7.　山王廃寺　8.　推定上野国衙
9.　上野国分寺　10.　上野国分尼寺

総社古墳群とその周辺の遺跡分布図

総社古墳群②遠見山古墳

■前橋市総社町一三八六ー二

総社古墳群の口火を切る

総社古墳群が所在する前橋市総社町は、前橋市街地から大渡橋《おおわたりばし》を渡ってすぐの北側一帯に広がる町並み部分を中心としている。現在のこの地のにぎわいは、江戸時代初期に総社藩主秋元長朝が、元総社町の蒼海《おうみ》城から、勝山の地に新城を築いて移ったことに始まる。

その総社町の広がりに重なるように二基の大型前方後円墳（遠見山・総社二子山古墳）と三基の大型方墳（愛宕山・宝塔山・蛇穴山古墳）が所在しているわけである。

この総社古墳群に関わる豪族は、六世紀いっぱいまでは榛名山東南麓一帯を直接の基盤にしており、七世紀に入ると上毛野地域の統合的な地位へと大飛躍していった勢力である。古墳群を構成する個々の古墳を調べていくと、その移り変わりの様子が非常によく分かる。

古墳群の形成の端緒となったのが、前方後円墳の遠見山《とおみやま》古墳である。所在する場所は、総社町の町並みを南から北に抜ける本通りの中心寄りのところから東に折れて利根川河岸寄りに進んだところである。周辺一帯は、徐々に住宅地となってきているが、

遠見山古墳を南西側から望む
手前が前方部、奥が後円部

古墳の周囲は、まだ畑地が広がっている。

　墳丘は主軸を東西としており、東側が後円部となっている。現状で墳丘長は約七〇メートルを有している。墳丘の南側は、畑地耕作の中で削平が及んでいるが、北側はよく旧状を残しているのがわかる。前橋市教育委員会では、住宅建設に伴って周壕部分で簡易な発掘調査を行っている。その結果、周壕の底面寄りに五世紀末～六世紀初頭の噴火と考えられている榛名山噴火火山灰層（ＦＡ）の堆積が確認された。このことから、遠見山古墳の築造時期は、五世紀後半を中心としていることが推測され、古墳群の先駆をなすものであることが確認されたわけである。

　主体部は、当地域で横穴式石室が登場する直前の竪穴式系の施設であったと考えて間違いないだろう。

　本墳は、最近、関係者の努力により、前橋市による公有地化が実現した。今後、古墳の保存・活用を目指しての基礎調査が行われる予定と聞く。古墳の解明が期待されるところである。

遠見山古墳墳丘測量図

89

総社古墳群③王山古墳(1)

■前橋市大渡町一−一六−一

墳丘表面に整然と河原石

昭和四十七年の秋、私の考古学の師である尾崎喜左雄先生のところに、前橋市大渡《おおわたり》町に所在する王山古墳の調査の依頼があった。この古墳は、長さが七〇メートルほどの前方後円墳だったが、その具体的内容は、分からないできていた。

早速、先生から私に、現地に事前の下見に行くので同行するようにとの連絡があった。当時、前橋市の教育委員会には、遺跡の調査を自前でやる体制はなかったので、調査の必要が生じると尾崎先生のところによく依頼があり、教え子の大学生が先生の指導のもとに実際の調査に当たっていた。当時、私が最上級生だったので、同行せよ、との指示があったわけである。

調査中の王山古墳全景

古墳の場所は、前橋公園の脇から中央大橋を渡ったすぐ右手のところである。このころ中央大橋の建設が始まろうとしていたころだった。辺りには畑が広がり、ぽつんぽつんと農家がある程度だった。現在の付近一帯の市街地化からはとても想像できない田園風景だった。私たちは、大渡橋を渡ったすぐのところにあった空き家の農家を借り、そこを宿舎にして王山古墳まで発掘調査に通った。

王山古墳後円部第二段の葺石の様子

王山古墳は、主軸を南北に取る前方後円墳で、北側に前方部、南側に後円部が位置するものであった。調査の最初は、後円部の中心から南に向けて幅一・五㍍のトレンチ（試し掘り）を設定して掘り始めた。墳丘の構造や規模、残り具合を探るためである。

開始からしばらくすると、墳丘の表面はびっしりと河原石で丁寧に組み上げられていることが分かってきた。葺石と呼ばれる構造で、これまでも各地の古墳調査で目にしたが、これほど整然としていて、堅固に築かれたものは見たことがなかった。葺石の上に直接乗ってもびくともしなかった。

一本のトレンチ調査だけからでも、発掘を全体に及ぼしたら、ものすごい墳丘が姿を現すことが容易に想像でき、考えただけでもワクワクしてきた。この調査は、約一カ月ほどで終了した。非常に重要な古墳であること、本格的な調査は、体制を立て直して当たる必要があることが結論となった。

想像だけでもワクワクさせる王山古墳の全体が姿を現したのは、それから一年半後のことである。それは、想像をはるかに超えるものであり、また、主体部の横穴式石室もすばらしいものだった。

総社古墳群④王山古墳(2)

被葬者守る大刀形埴輪

掲載した写真は、王山古墳から出土した大刀《たち》の埴輪である。刀の握りの部分に当たり、この下に本体の刀身が鞘に納まって続くことになる。古墳時代の大刀は、抜いて持つのは片手である。柄（握りの部分）に取り付いている弓なりの部分は、勾金《まがりがね》と呼び、少し厚手の革でできており、拳を相手の振りかざす刀から守るための装具である。その表側に玉飾りが付けられており、王が持つ飾り大刀を表している。

この大刀形埴輪は、古墳の基壇面のところで、上から転落した状態で出土した。同じ破片がいくつもあるので、もともとは優に一〇本以上あったと考えている。本来は後円部の頂上の縁辺部に適当な間隔をおいてぐるりと立てめぐらされていたものと推測される。

ところで、この大刀形埴輪、写真の柄の部分だけでも六〇センチの長さである。刀身まである完形品ならば、一・五メートル前後のものだったことは確実である。当時の実物の大刀と比べても、とてつもなく大きいものである。これら大刀形埴輪とともに、盾の埴輪も同じくらいの数が出土している。この盾形埴輪も、やはり非常に大きい作りであ

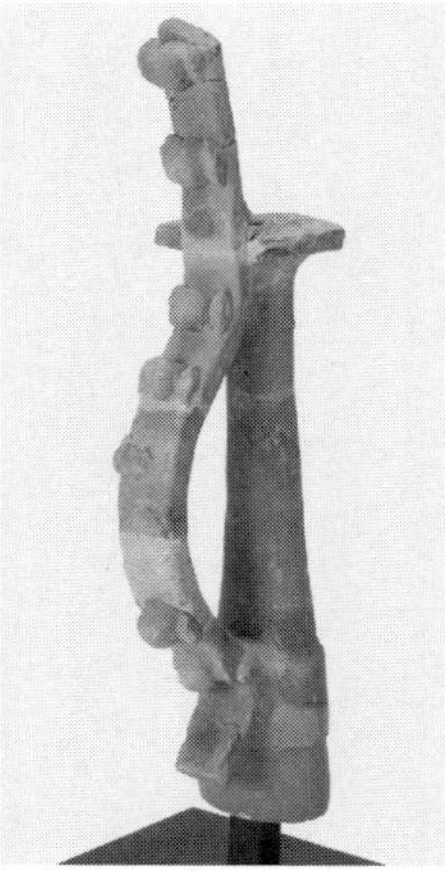

王山古墳の大刀形埴輪

る。

大刀・盾形埴輪に加えて、さらに多い数の円筒埴輪も一緒に出土している。ほかの古墳の明瞭なものを参考にすると、次のように立てめぐらされていたと推測される。頂上のいちばん外側の縁寄りには、円筒埴輪（筒形の上端が花のように開く朝顔形円筒埴輪を含む）が、隣のものと触れ合うように密に並べられる。その内側には、これらよりずっと背丈の高い大刀形埴輪と盾形埴輪がやはり墳丘の中心を取り囲むように交互に配される。

王山古墳の盾形埴輪

これらの埴輪の配置から想像されるのは、明らかに墳丘の中心を守ろうとする意図である。中心、すなわち前方後円墳に埋葬された首長の遺体である。と同時に、調査では完全には解明できなかったが、墳丘の周囲には大規模な壕が取り囲み、何重にも円筒埴輪列が取り巻いていたものと推測される。

こうしてみてくると、守るという意図が念入りに施されているのだが、と同時に、私には、むしろ、外界から封じ込めようとする意図も働いているのではと思えてならない。そう考えると、次項でお話しする横穴式石室の、執拗なまでの念入りな入り口の閉塞にも合点がいくところである

総社古墳群⑤王山古墳(3)

「黄泉の国」と完全遮断

古代の神話・伝承・歴史が記された『古事記』については、その内容はすべて歴史の真実であるとして教育された戦前の苦い歴史がある。そのため、戦後は逆に、その内容はすべてつくりごとで、古代の歴史理解には全く役に立たないとして、いっさいが排除されてしまった。しかし、落ち着きを取り戻し、研究が進んでくると、そこには古代人の思想・信仰・風俗習慣等についての深く、重要な内容が無限に潜んでいることがわかってきた。『古事記』を生かすも殺すも、資料としての取り扱い方、読み取り方いかんにかかっているわけである。

その『古事記』にあるイザナギ、イザナミの国生み神話をご存じの人も多いかと思う。その中に、亡くなったイザナミを慈しむイザナキが、注意を破って、黄泉の国からイザナミを連れ戻そうとしたところ、そこは見るからに恐ろしく、暗い世界で、追っ手から命からがら現世へと逃げ帰った説話が出てくる。

このイザナミがいた黄泉の国は、横穴式

王山古墳石室入口部の厳重な閉塞状況

石室の世界が意識されて書かれたものだろうと考える考古学者が多い。私の研究仲間で専修大教授の土生田純之さんは、このことを考古学的にまとめた『黄泉国の成立』という本を出しており、大いに参考になる。

　王山古墳は、簗瀬二子塚や前二子古墳とともに群馬県地域で最初に登場する横穴式石室の代表である。この三つの古墳の中では、石室が閉じられた当時の状態を最もよく残していた。横穴式石室は、羨道と玄室の二つの空間から構成されている。奥にあって遺体を埋葬するのが玄室で、外から玄室に至るまでの一種の通路が羨道である。

王山古墳石室を玄室背後から望む
天井石を失っている

遺体が埋葬されるとこの羨道にはぎっしりと石が詰め込まれて完全に外界と遮断する。王山古墳の場合、羨道が一二㍍もの長さがあり、ここには、近くを流れる利根川から運び込まれた河原石が寸分のすき間がないほどに充填されていた。さらに、念が入っていることには、河原石でふさいだ後に、さらにいちばん外側を丁寧に河原石を積み上げて最後の封鎖をしていた。

　この場所が、現世と黄泉の国との境界と意識されたのかもしれない。このような執拗なまでの念の入れように、古代人の死に対する深い思いが垣間見える。と同時、古代人が尊んだ「いのち」に対するあつく、深い思いを知る必要があるだろう。

92

総社古墳群⑥総社二子山古墳（1）

■前橋市総社町一ほか

総社古墳群の勢力が有力化

総社古墳群を構成する諸古墳は、五世紀後半の遠見山古墳、六世紀初頭の王山古墳、六世紀後半の総社二子山古墳と、比較的大型の前方後円墳が続く。これらの前方後円墳の被葬者は、榛名山東南麓一帯を支配していた地域首長の代々の墓と考えて間違いないだろう。その場合、王山古墳と二子山古墳の間がちょっと開きすぎのきらいもなくはない。『上毛古墳綜覧』を見てみると、総社町４号として王河原山古墳と呼ばれていた墳丘長約六〇㍍の前方後円墳が存在していた。今となっては、確認のしようがないが、王山と二子山の開きすぎる空白を埋める可能性を考えることもあながち荒唐無稽ではない。

二子山古墳へは、ＪＲ上越線の群馬総社駅で降り、線路沿いに南へ行くと、三〇〇㍍ほどで前方後円墳の北西隅にたどり着く。墳丘の全長が一〇〇㍍近い大前方後円墳で、主軸を東西とし、西側が前方部、東側が後円部となっている。駅から歩いて訪れる人を想定したものと思われるが、古墳の標柱と説明板が、墳丘の北西隅近くにあり、ここから頂上へと登っていけるようになっている。

総社二子山古墳の墳丘を北西側から望む
手前が前方部、奥が後円部

前方後円墳のもともとの墳丘

総社二子山古墳墳丘測量図

形状がよく残っているのは、西側と北側部分なので、この北西隅からが最高のビューポイントである。墳丘が二段構造に造られているのがよく分かり、前方部を形づくる直線ラインや後円部の曲線ラインもくっきりと確認することができる。築造当時は、墳丘の周囲に壮大な周壕があったことは間違いないが、今は墳丘のギリギリまで家並みに取り囲まれている。現状の墳丘表面の所々で小児頭大前後の河原石が散乱している。墳丘表面を覆っていた葺石の残骸と考えていいだろう。

　前方部の墳頂に上り詰めると、そこに「豊城命之墓」と記された石碑がある。これは、明治年間に建てられたもので、上毛野氏の始祖とされる崇神天皇の第一皇子豊城入彦命の墓に比定され、宮内庁所管の陵墓参考地とされようとした時期が明治年間の一時期あったことの名残である。もちろん、豊城之命の墓であるとする確証はなにもない。

　さて、いよいよ、大豪族が納められた横穴式石室の見学へと歩を進めるわけだが、中心的主体部である後円部石室は、残念ながら今は土砂で埋まってしまっているため中に入ることはできない。次項で、見学を補うために、石室の様子を詳しく紹介することにしよう。

総社古墳群⑦総社二子山古墳(2)

最大規模の横穴式石室

二子山古墳の主体部（横穴式石室）は、前方部と後円部の二カ所にある。一般的には、後円部にあるのが本来で、前方部にある場合は極めてまれである。もし、あったとしても後円部の主体部に対する副次的な存在で、逆に前方部だけというのは、非常に少ない。二子山の場合も、後円部にある石室が中心で、前方部の石室は、二義的なものと考えられる。後円部に比べて前方部石室の規模が格段に小さいからである。なお、前方部石室も後円部同様、現在は入れないが、こちらは中をのぞくことはできる。

後円部石室は、私が学生時代のころは、土砂の流入で石室内はかなり埋まっていたが、それでも出入りが可能であった。ただし、その場合は、正式の石室入口から羨道を通って、玄室に至るということではなかった。羨道は、当時のままに閉塞されているからである。その後、玄室の天井石がずれてしまったため、そこにできた大きなすき間から下りるようにして玄室の中に入れたわけである。ほかの石室とはずいぶん異なるスリリングな石室見学であった。

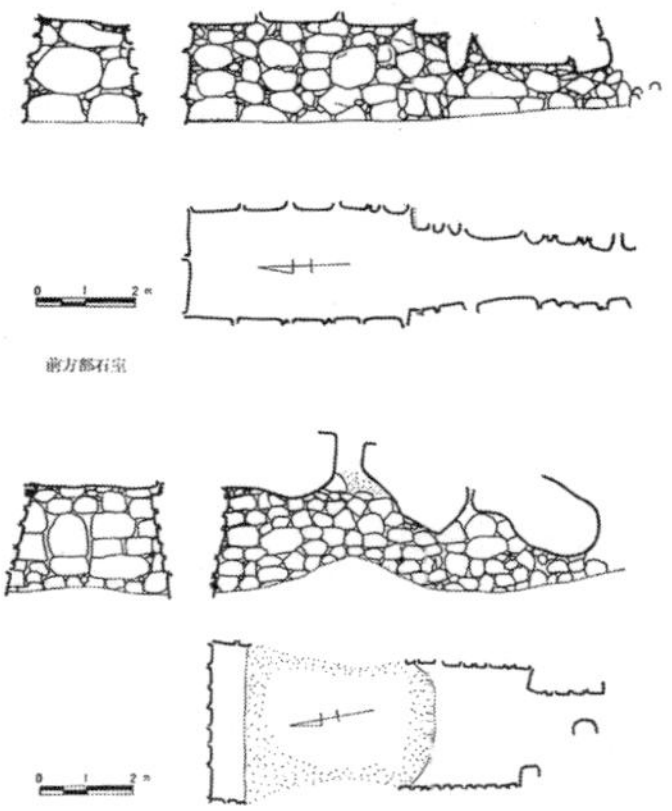

総社二子山古墳石室実測図
下が後円部石室、上が前方部石室

しかし、その後、土砂の崩落が一段と進行する中で、ついに玄室天井石が大きくずれ落ちてしまい、まったく中をのぞけなくなってしまった。現在は、危険なので石室の周りにフェンスがめぐらされているので、それによって石室の位置を類推することができる。解体修理されて、再び石室に入れる日を待ちたい。

後円部石室の大きさは、全長九・四メートル以上、玄室長六・九メートル、同奥幅三・四メートル以上、高さ二・二メートル以上を有する。高崎市の綿貫観音山古墳や同じく高崎市の八幡観音塚古墳の石室に匹敵する上毛野地域でも最も規模の大きいものである。全国的に見た場合には、奈良県明日香村の石舞台古墳石室が巨大なものとして有名だが、平面規模はそれに伯仲する。

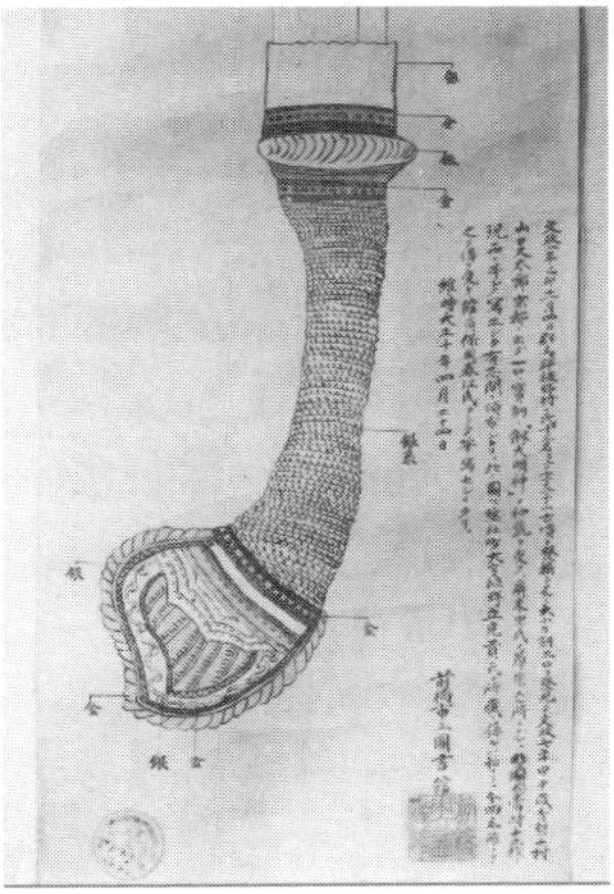
二子山古墳出土と伝えられる頭椎大刀絵図

二子山、観音山、観音塚古墳は、六世紀後半から末葉にかけての同じころに造られた。墳丘規模も三基とも一〇〇メートル前後と拮抗していることから、同じ時期に甲乙付けがたい豪族が共存していたことになる。さらに、二子山、観音山は、榛名山噴火の角閃石安山岩の加工石材を使用して、類似した構造の石室を築造している点は注意する必要がある。共通した技術系譜のもとに実現したと考えていいだろう。

総社古墳群の豪族は、次に訪れる愛宕山古墳の時期に上毛野地域のトップの地位に躍り出るわけだが、その前提として、観音山古墳の豪族との間に政治的連携があったことを踏まえておく必要があるだろう。その意味では、本墳出土とされる大刀の絵図を見ると、観音山古墳出土大刀に酷似している点が示唆的である。

94

総社古墳群⑧総社愛宕山古墳(1)

■前橋市総社町一〇ほか

三代にわたり方墳築造

昭和六十三年のころ、群馬県史編さんの大事業は、折り返し点に入っており、原始古代の分野では、通史編1の作成作業が進行していた。当時、県史編さん室にいた能登健さんから「もし、通史編作成上でぜひやっておきたい基礎調査があったら挙げてほしい。予算化を検討してみるので」という提案があった。古墳時代後期から終末期にかけての項の執筆を分担していた私は、間髪を入れず「総社愛宕山古墳の墳丘測量調査をしたい」と要望させてもらった。

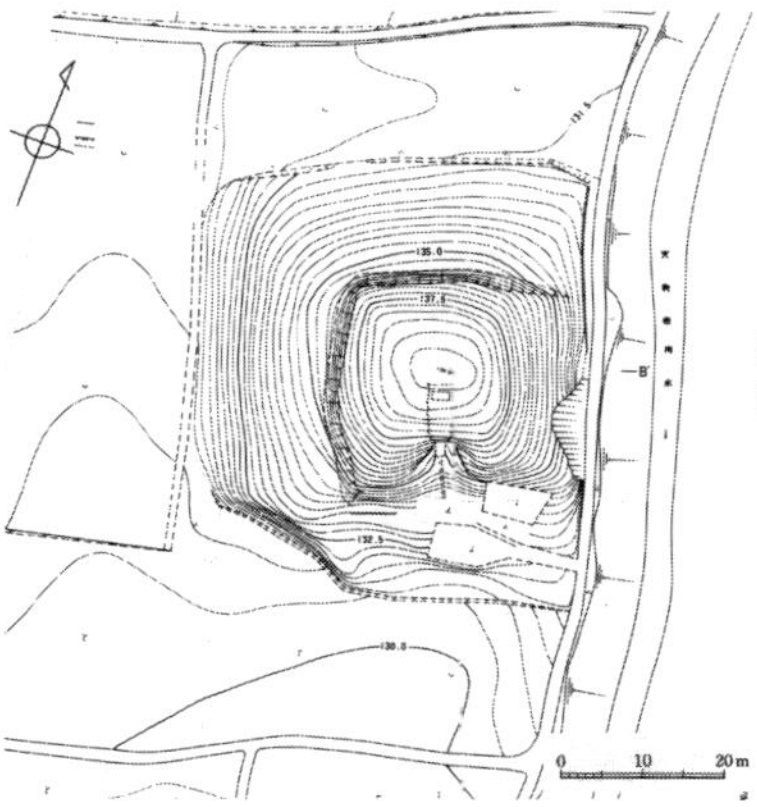

愛宕山古墳墳丘測量図

その三年前、私は「前橋市総社古墳群の形成過程とその画期」と題する小論を『群馬県史研究』（群馬県史編纂にかかわる基礎的研究成果を発表する雑誌）誌上に発表していた。その中で愛宕山古墳の墳形は、従来言われてきた円墳ではなく、方墳の可能性が非常に強いこと、もしそうなら、総社古墳群の変遷過程と歴史的意義についての従来の一般的理解も大きく修正される必要があることを述べたところであった。

当時、愛宕山古墳の墳丘は、鬱蒼とした篠藪に覆われており、実際の墳丘の形がどうなっているのかを知るすべもなかった。先ほどの小文を執筆する際にも、何度となく愛宕山古墳を訪れた。ある日、意を決して真っ暗な藪の中に分け入った。竹ではないかと見まがうほどの太い篠の群生で、おまけに野バラのつるが絡みついてトゲだらけ。性根尽き果てそうになったが、ここで引き下がってはと、藪の下の墳丘を手探り状態で追った。悪戦苦闘の末、墳丘表面の直線的な走行が確認できたときには、ひそかに「やった!」と叫んだ。

ただし、これでは、第三者を確実に説得することはできない。そんな時、測量調査費の予算化の可能性は、光明以外の何ものでもなかった。測量が実現の運びとなったとき、作業の大半は、篠藪刈りのために費やされた。一週間ほどして、本来の墳丘が姿を現した時、確かに方墳であることをこの目で確認できた。長い古墳研究人生の中で、墳丘を眺めて大感激したのは、後にも先にもこの一回だけである。

西上空から見た愛宕山古墳

この測量調査によって、総社古墳群では、最後の前方後円墳である二子山古墳に続き、三代にわたって愛宕山、宝塔山、蛇穴山古墳の大方墳が築造されたことが明らかになった。この変遷過程には、中央集権的な律令体制への移行に際して、地方の歴史動向を具体的に知ることができる重要な事実が内包されていた。

総社古墳群⑧総社愛宕山古墳(2)

ヤマト王権が特別処遇

　愛宕山古墳の横穴式石室は、発掘調査によって開口したのではないため、偶然口が開いた羨道の中途から下り込むように入ることになる。最初の方は、思い切り身をかがめないと入れないので、少々おなかが出てきた私などは、息苦しい思いをしながら進むことになる。少し進むと立ち上がっても大丈夫な高さになり、とてつもなく広い玄室空間が眼前に広がる。

　さすが、上毛野地域で最大級の横穴式石室だけのことはある。真夏に総社古墳群を訪問した時などは、愛宕山の石室に入ると涼しくて快適そのもの。石室の広さもさることながら、高い墳丘が石室の周囲と上部を厚くパックしているのが大きく影響しているのだろう。

愛宕山古墳石室と家形石棺

　圧巻は、なんといっても玄室奥部の中央にデンと据わる巨大な石棺である。凝灰岩の巨石を刳《く》り抜いて造った箱形の身の部分とその上にかぶせられる屋根形の蓋《ふた》部分からなっている。その形状から、「家形石棺」と呼称されている。蓋をした状態の外回りで、長さ二・二二メートル、奥行き一・一八メートル、高さ一・五二メートルを測る。

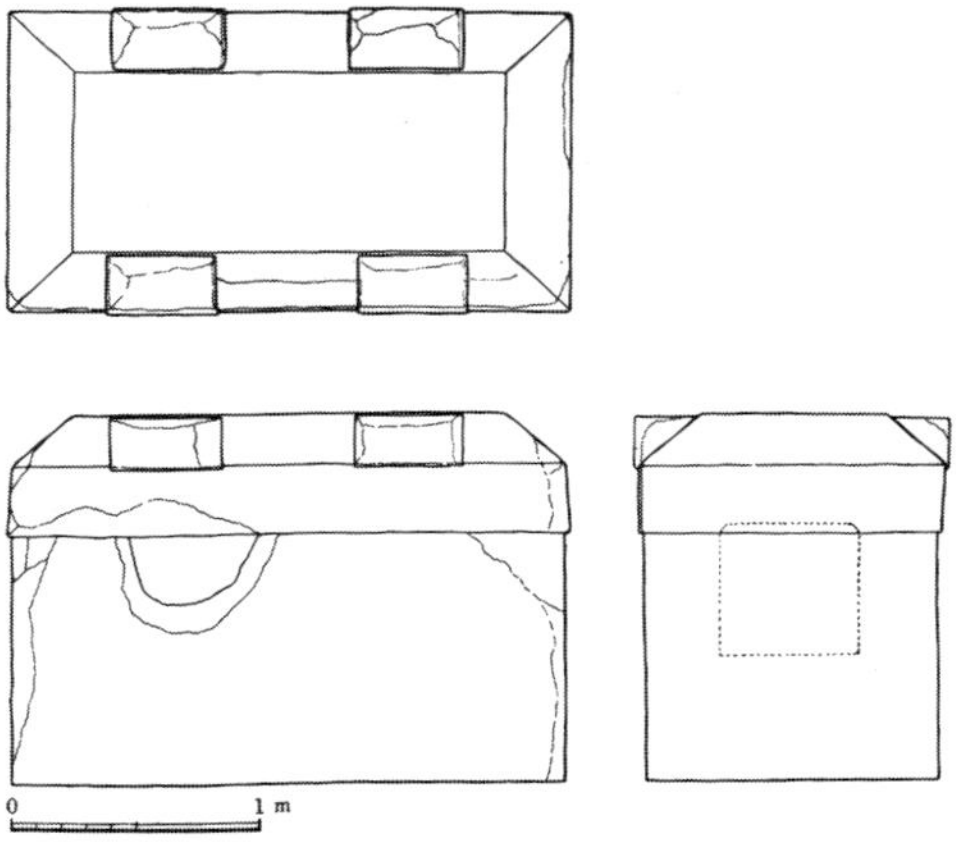

愛宕山古墳家形石棺実測図

学生時代、はじめてこの石棺を見たとき、「ずいぶん不格好で、出来の悪い石棺だな！」と思った。しかし、そう思わせたのは、凝灰岩という比較的軟らかく、加工しやすい石材によったため、後世に摩滅したことが原因している。石棺の側面や背後に回って、丹念に観察してみると、どうして、平滑に仕上げられた立派な石棺であることがわかる。

ところで、本例のような七世紀の刳抜式家形石棺（これとは別に、何石もの石材を組み合わせた組合式家形石棺がある）は、ヤマト王権の上位階層に限定して使用されたものである。実際、七世紀の関東地方で家形石棺を持っているのは、今のところこの愛宕山と、次に紹介する宝塔山古墳のたった二基である。愛宕山古墳にかかわる豪族が、この時期に、ヤマト王権から特別な処遇を受けたことが考えられる。

七世紀の前半に造られた愛宕山は、前方後円墳終焉後、はじめて造られた有力古墳である。前代の二子山古墳のころには総社古墳群だけが上毛野地域で飛び抜けた存在ではなかった。家形石棺は、愛宕山古墳の時期にヤマト王権との間に特に緊密な政治的関係を結ぶようになった証しと言える。

総社古墳群⑩宝塔山古墳(1)

■前橋市総社町一六〇六

七世紀後半も造営に力を入れる

　宝塔山古墳の名前の由来は、墳丘が江戸時代以来、墓所として利用されてきたことにある。一般的に、平坦地の中に所在する小高い古墳は、農地や宅地などには向いていないため、近在の集落にとって公共性の高い神社やお堂、あるいは墓所として利用されることが多かった。そのため、全国の古墳の名称には、観音山、八幡山、天神山、地蔵山、稲荷山古墳等々の名称が多いわけである。

　宝塔山古墳の場合は、墳丘の頂上が、総社城主であった秋元氏の墓所とされ、また、墳丘南側の段のところには、古墳の西側に隣接する天台宗の名刹光巌寺《こうがんじ》の代々の住職の石塔が並ぶ。秋元氏は、総社の藩主を皮切りに、後半は幕府老中にまで上り詰めた大名であるが、総社の地を離れてからもその末代まで宝塔山の墓所を使用している。その見事な石塔群も見学をおすすめするところである。

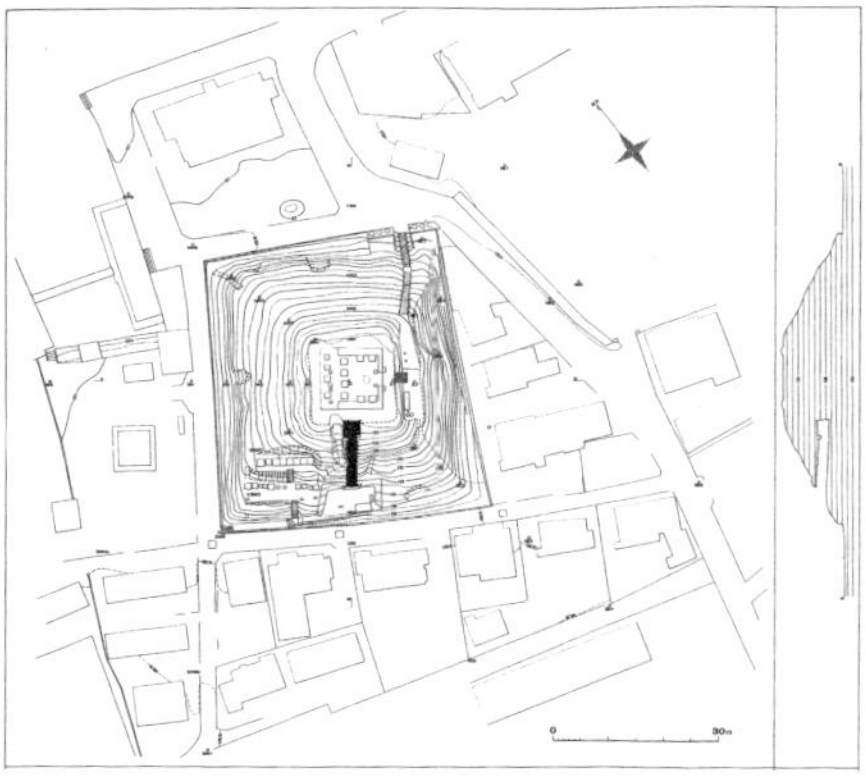

宝塔山古墳墳丘測量図

　古墳全体が墓所として利用されてきたことが、古墳の周囲はギリギリまで家並みが取り囲んでいるにもかかわらず、墳丘そのものが比較的良好に保存されることにつながった。墳形は方墳であり、その北側および西側が最もよく当初の形を残している。一辺の長さが約六〇㍍で、高さは約一二㍍の規模で、三段構造となっている。

　平成二十一年、前橋市教育委員会は、古墳の東側に隣接する旧総社小学校の校庭の発掘調査を行った。近い将来に予定されている総社公民館の建設に備えて、宝塔山古墳と蛇穴山古墳の範囲がどこまで延びるのかを確認するためである。その結果、宝塔山古墳の周囲に巡らされた壕は、学校の校庭まで延びてきている壮大なものであることが分かった。壕まで含めるならば、約一〇〇㍍四方の範囲を古墳が占めていたわけである。

宝塔山古墳北西側から壕を挟んで墳丘を望む

　宝塔山古墳が築造されたのは、七世紀後半のことである。一般に、前方後円墳が造られた六世紀末葉までは、時の支配者層は、古墳づくりに財力の多くを注ぎ込んだ。これに対して、七世紀に入ると、古墳は小型化し、重点を新たに登場してきた仏教の寺院造営へと移していったとされている。

　しかし、宝塔山古墳を見る限りは、古墳造営への意欲は衰えるどころか、以前にも増して強かったことをうかがわせて余りある。そこには、列島各地で律令制の新たな国家建設が進行していく中で、上毛野の地でその一翼を担った総社古墳群の豪族の気概が伝わってくるからである。

97

総社古墳群⑪宝塔山古墳(2)

外界と隔絶された石室

前項では、墳丘を中心に紹介した。ここでは、いよいよ横穴式石室を案内することにしよう。宝塔山古墳見学の中ではクライマックスである。

これまで何度も紹介することがあった他の古墳の横穴式石室では、遺体を埋葬する玄室と外から玄室へと通じる羨道から構成されているのが一般的であった。これに対して宝塔山の石室は、より複雑である。まず、石室入口前には、河原石の積み上げ(現在は、加工石材の新材で復元している)によって台形に区画された前庭と呼称される施設がある。この場所から土器や火を燃やした跡が見つかることから、一同を会して葬送の儀礼を行う特別の場所であったことが推測されている。

宝塔山古墳石室を入口寄りから望む

そこから石室の内部に入るわけであるが、玄室までの距離がずいぶん長い。羨道と玄室の間にもう一つ部屋が設けられているからである。この部分は、玄室の手前の部屋という意味で「前室」と呼んでいる。羨道との間は、門柱のように両側壁を張り出させ、さらに天井面も一段下げることによって区分している。前室の奥に玄室が来ることから、前室の役割は、埋葬された遺体に対して直接に葬送の儀礼（礼拝など）を行う場所だったと思われる。古代中国の墓室構造には、このような空間が設けられている例がほとんどなので、その影響を受けたものと思われる。

宝塔山古墳玄室入口部と家形石棺

　なお、埋葬が終了した後に、外界との間は完全に閉じられる。その閉塞は、羨道にぎっしりと石を詰め込むことによってなされている。この部分の構造がよく残っていた大室古墳群の小二子古墳では、石を充填して閉塞した後、さらに粘土で密閉した状態が確認された。外界との隔絶を非常に念入りに行っていることがわかる。

　さて、いよいよ玄室である。前室から玄室に至る部分の構造は、さらに厳重である。左右に大きな門柱状の石が配されており、その上には鴨居状に大きな石が載せられている。玄室は、一辺約三㍍の正方形で、その大半のスペースは、巨大な家形石棺が占めている。

　石室入口から家形石棺がある最奥部までの長さは、約一二㍍をはかる。奥部から外を望むと、入口部がはるか彼方のように感じられる。

98

総社古墳群⑫宝塔山古墳(3)

最高の技術備えた石工招く

宝塔山古墳の横穴式石室に使用されている石材は、壁石も天井石もすべて丹念に加工されたものである点が大きな特徴である。

　そのうち壁石に使用されているのは、榛名山が六世紀の中ごろに大噴火した時に噴出した角閃石安山岩で、やや軟質で鋭利な加工が可能である。そのため、壁に積まれている石材相互の合わせ目を見てみると、寸分の隙間も無いほどに密着しているのがよく分かる。これに対して、天井石および玄室入り口の門柱石・鴨居石に使用されている石材は、輝石安山岩と呼ばれている榛名山の山石で、非常に硬質である。この石材の加工がさらに見事で、加工した痕跡をまったく残さないほどにきれいに仕上げられている。

　このような石材加工技術の粋を集めた横穴式石室は、それ以前の上毛野地域にはまったく見られないものであり、新たに高度の石材加工技術を備えた石工が他地域から招かれたと考えざるを得ないところである。

　宝塔山古墳が造られたのは七

宝塔山古墳家形石棺の脚部格狭間

世紀中ごろから少したったころと考えられる。このころ、この古墳の目と鼻の先ほどの至近で、関東地方でも屈指の本格的寺院である白鳳期の山王廃寺《さんのうはいじ》の建設事業が進められていた。上毛野地域では最初の寺院造営であり、やはりそのために、この建設に従事するさまざまな専門技術者が招かれたことは間違いない。その中には、これまでにない硬質石材の加工に長けた石工がいたことは十分想像できるところである。並行して進む古墳と寺院造営の両事業に関わるものであった。

山王廃寺の塔心礎

　山王廃寺で見つかっている見事な出来栄えの塔心礎（五重塔の心柱を支えた）、同じく心柱の周囲を花弁形に飾り立てた根巻石、あるいは金堂の屋根の頂部に載せられた石製鴟尾《しび》（後の時代にはシャチホコなどに継承される）などは、最高水準の石材加工技術者の関与をうかがわせる。おそらく、当時活発に寺院造営が進められていた大和（奈良県）の地から派遣されたのであろう。

　ところで、宝塔山古墳の中に、石工のリーダーが直接制作にたずさわったと思われる最高傑作がある。玄室の中央に据えられた家形石棺である。その下端部を見ると、仏教に関わる製品の脚部によく用いられる「格狭間《こうざま》」と呼ばれる見事な構造が四隅に造り出されている。その技術的な完成度の高さには、ただただ、ため息をつくばかりである。

総社古墳群⑬宝塔山古墳(4)

大和の墓制と共通

宝塔山古墳について長々とつづってきた。しかし、この古墳に関する話題は、まだまだ尽きない。それだけ重要な古墳ということである。とりあえず、もう一回だけお付き合い願いたい。

本墳の数ある特色の中で、もう一つ外すことができない重要なものがある。それは、壁全体が白一色に仕上げられていることである。もともとの白壁の状態がよく残っているのは、石室最奥の玄室壁面に限られるが、他の部分でも剥落してしまった痕跡が認められるので、これが壁の全体に及ぶものであったことがわかる。

これは、漆喰と呼ばれているもので、古代寺院の堂塔の壁面では一般的だが、古墳の壁体構造としては、非常に珍しいものである。上毛野地域では、本墳に加えて、隣にある蛇穴山古墳と吉岡町にある南下A号墳のわずかに三例のみである。すべて、七世紀後半に属する切石積みの横穴式石室である。おそらく、山王廃寺造営に関与した漆喰《しっくい》工人の関与が考えられるところである。

宝塔山古墳の玄室入口部の漆喰

関東地方に目を転じてみるならば、他にまったく例を見ない。一方、畿内に当たる奈良県や大阪府下の七世紀中ごろ以降の最有力古墳には広く認められるところである。天皇やそれに準ずる皇親勢力、あるいは有力氏族の墓に限って採用された構造だったわけである。このことは、宝塔山古墳をはじめとする上毛野の三古墳が、ヤマト政権の最有力者層と同一の墓制を採用していたことになる。

玄室奥隅の漆喰

石室の壁面を全体に漆喰で仕上げる手法は、もともとは古代中国の墓室構造に広く認められるところであり、その制が、朝鮮半島に及んだわけである。特に七世紀に入って朝鮮半島を統一する新羅の横穴式石室では一般的であり、その流れを近畿地方の最終段階の有力墳が採用することになったものと思われる。

ところで、漆喰で壁面を仕上げた代表的な古墳として、奈良県明日香村の高松塚古墳が挙げられる。この古墳は、有名な壁画を描くためのキャンバスとして、壁面を漆喰で仕上げている。昭和四十七年三月、壁画発見が大々的に報じられたとき、私は、同じ漆喰で壁面が仕上げられている宝塔山古墳のもとへ懐中電灯を持って走った。玄室の漆喰の壁面を舐めるように観察したのだが、残念ながら壁画の痕跡を見いだすことはできなかった。宝塔山古墳の場合は、白壁に仕上げることに最終的な目的があったことが分かる。

総社古墳群⑭蛇穴山古墳

■前橋市総社町八

石室に最先端の技術

総社古墳群の古墳めぐりも最後となった。その最後は、宝塔山古墳の東隣にある蛇穴山古墳である。ずいぶん物騒な名前だが、別に中にヘビがいるわけではない。近世にこの古墳の横穴式石室が弁天様の祠として再利用された際に、石室の奥壁の中心に、古代インドのサンスクリット文字で弁天のイニシャルが彫り込まれて(これにより弁天像そのものを表すことになる)おり、ちょうどそれが蛇のように見えることに由来している。

見学の最後が蛇穴山古墳であることは都合がよい。この古墳が七世紀の末葉に築かれ、総社古墳群の最後を飾るものだからである。墳丘は、現在残っている部分だけだと円墳のように見えるが、これは後世にだいぶ削り込まれたからであり、発掘調査の結果、一辺約四〇㍍の見事な方墳であることが分かった。この規模は、その前代に築造された宝塔山古墳に比べるとだいぶ小型化する。この流れは、なにも総社古墳群だけに限ったことではなく、畿内に

蛇穴山古墳石室入口部

あるこの時期の天皇陵古墳でも、同じである。この後、古墳が造られなくなるのを予感させるようである。それでも、四〇メートルの墳丘規模は、この時期のものとしては、最も大きい部類である。

蛇穴山古墳の石室は、私にとって自慢の石室である。県外から、あるいは海外からやってきた考古学者に上毛野の古墳を案内するとき、必ずその最後にメニューとして蛇穴山古墳を組み込む。フルコースの最後のデザート、感動に浸るコンサートのアンコール曲のようなものである。軽いメニューでありながら、気分良く帰ってもらうためのプラスアルファである。

蛇穴山古墳玄室の石材加工と漆喰の様子

他の大型の横穴式石室に比べるならば、この石室は小型である。外部から玄室にたどり着くための羨道が省略されており、入口から直接埋葬部である玄室へと通じている。小型で目の中に入ってしまうほどでありながら、その築造の技術力は目を見張るものがある。当時の最先端、最高級の技術の粋を結集したと言っても過言ではない。それを一言で表すならば、最も硬い石である輝石安山岩を使用していながら、その出来栄えは、「シルク」のように柔らかく、高級感ある仕上がりである。同じ時期、すぐ近くにあった山王廃寺の白鳳仏もこんな感慨を与えたことだろう。

図版等典拠

■口 絵　(口絵番号は掲載順に付した)

口絵1:板倉町教委提供

口絵2:太田市教委提供

口絵3:群歴博提供(文化庁保管)

口絵4:著者撮影

口絵5:群埋文『多田山古墳群』

口絵6:玉村町教委提供(群馬大学所蔵)

口絵7:前橋市教委提供

口絵8:著者撮影

■本文中

(付された番号は、前が本文中で取り上げている古墳の番号、後ろの番号が古墳ごとの前後掲載を示す)

1-2:板倉町教委提供

2-1・2:館林市教委『渕ノ上古墳発掘調査報告書』

5-2:梅澤重昭『赤岩堂山古墳調査概報』

6-1・2:大泉町教委『古海松塚古墳群調査報告書』

7-1:群馬県教委・群馬県古墳台帳

7-2:太田市教委『東矢島古墳群(割地山古墳)ほか』

8-1:群埋文『高林西原古墳群』

8-2:群馬歴博提供(群馬県立がんセンター)

9-2、10-1、14-2、23-2、34-1、36-2、38-1、40-1、44-2、53-2、61-2、78-1、79-1、80-1、83-1・2、92-2、93-1:『群馬県史』資料編3

10-2、26-2、27-1・2、34-2:群馬歴博提供(群馬大学所蔵)

11-2、13-1、17-1:太田市教委提供

12-1、14-1:太田市教委『天神山古墳外堀発掘調査報告書』

12-2、24-2:『太田市史』通史編自然・原始古代

13-2:藤井寺市教委『津堂城山古墳調査報告書』

15-1:群埋文『小町田遺跡』

15-2:群馬県教委『塚廻り古墳群』

16-2、17-2:群馬歴博提供(文化庁保管)

18-2:足利市教委『藤本観音山古墳発掘調査報告書Ⅰ』

19-1:駒沢大学考古学研究室『群馬・金山丘陵窯跡群調査報告Ⅱ』

19-2、20-1・2:太田市教委「今泉口八幡山古墳パンフレット」

21-1:群埋文『大道西遺跡』

22-1・2:群埋文『成塚向山古墳群』

25-2、26-1、52-1、54-1、61-1、66-1・2、67-1:群馬大学提供

29-1・2:『新田町誌』資料編(上)

30-2：群馬大学作成
33-1・2：尾島町教委『世良田諏訪下遺跡』
37-1・2：群埋文『下淵名塚越遺跡』
39-1・2：伊勢崎市教委『阿弥陀古墳』
41-1・2：群埋文『本関町古墳群』
42-1、48-2：伊勢崎市教委提供
42-2：帝室博物館『上野国佐波郡赤堀村今井茶臼山古墳』
43-2・60-2：群歴博提供（複製品）
45-2：赤堀村教委『赤堀村地蔵山の古墳』1・2
46-1：赤堀村教委『赤堀村地蔵山の古墳』1・2 をもとに著者作成
46-2：近つ飛鳥博『一須賀古墳群の調査』
47-1：群馬県教委提供
47-1：群埋文『多田山古墳群』
49-1・2：玉村町教委『小泉大塚越遺跡』
50-1：玉村町教委提供
50-2：国立公州博物館『武寧王陵Ⅰ』
51-2：玉村町教委『オトカ塚遺跡』
52-2：玉村町教委『川井・茂木古墳群』
53-1：玉村町教委提供（群馬大学所蔵）
56-1・2：群埋文『公田東遺跡』
57-1：前橋市教委『金冠塚（山王二子山）古墳調査概報』
58-1、59-1、60-1、71-1、72-1、78-2、81-2、88-2、89-1・2、90-1・2、91-1・2、93-2、94-2、95-1、96-2：前橋市教委提供
58-2：群埋文『徳丸仲田遺跡』
62-2：右島福司氏撮影
64-1：毛利光俊彦「朝鮮古代の冠 ー新羅ー」『西谷先生古希記念論集』
70-2：前橋市教委『西大室遺跡群Ⅱ』
71-2：前橋市教委『大室古墳群』
72-2：国立公州博物館『武寧王陵 新報告書Ⅰ』
73-1：群埋文『多田山古墳群』
76-2：前橋市教委『小二子古墳』
77-1・2：粕川村教委『白藤古墳群』
84-1・2：尾崎喜左雄『古墳の分布と塩原塚』南橘村
85-2、87-1、94-1、95-2：右島『東国古墳時代の研究』
86-2：富士見村教委『陣馬・庄司原古墳群』
96-1：国立歴民博『関東地方における終末期古墳の研究』

上記以外の図版は、著者が撮影したものである。

右島 和夫
（みぎしま・かずお）

1948年、群馬県生まれ。

関西大学大学院文学研究科修士課程修了。博士（文学）。

1977年群馬県教育委員会文化財保護課、その後群馬県立歴史博物館教育普及課長、同学芸課長、群馬県埋蔵文化財調査研究部長などを経て、2008年群馬県教育委員会文化課文化財主監をもって退職。現在、群馬県立歴史博物館長、群馬県埋蔵文化財調査事業団理事、群馬大学・専修大学大学院・放送大学講師。主な著書に『東国古墳時代の研究』（学生社）、『古墳構築の復元的研究』（共著、雄山閣）、『古墳時代毛野の実像』（共編著、雄山閣）、『列島の考古学 古墳時代』（共著、河出書房新社）、その他、共著書・論文多数。

群馬の古墳物語 －東国の古墳と文化を探る－＜上巻＞

2018年11月４日　初版発行

著者　右島　和夫

発行　上毛新聞社事業局出版部
〒371-8666 前橋市古市町1-50-21
Tel 027-254-9966　Fax 027-254-9906

ISBN978-4-86352-198-8